L'HOMME QUI VIVAIT HAUT

Guérin, Chamonix – guerin.editionspaulsen.com
Les éditions Paulsen sont une société du groupe Paulsen Media.

Virginie Troussier

L’homme qui vivait haut

La passion du docteur Jaeger

Guérin
éditions Paulsen

« Tout individu intelligent a bien une limite où
il se met à devenir mystique, là où commence
son être le plus personnel. »
Lettre de Freud à Georg Adamek

Prologue

23 AVRIL 1980

La caméra fixe la silhouette sous un ciel de saphir. Une muraille de neige et de glace coupée de ressauts rocheux ferme la perspective, imprimant à la scène une allure irréelle de peinture romantique. Le grain du film est épais, flou si l'on regarde de trop près. Un homme au visage buriné s'apprête à répondre à une interview improvisée à 4 850 mètres d'altitude. Les épaules sont dessinées sous le pull écru à bandes bleues et rouges, la main gauche, en appui sur la cuisse, tient une cigarette. Les doigts sont gonflés, la puissance des articulations tranche avec la sveltesse du corps. Sa barbe absorbe la lumière de l'Himalaya, elle a l'éclat d'un pelage sauvage. La carte des rides sur le front donne un indice de son affinité avec les astres et tout ce qui flotte dans les airs. Il arbore un sourire que je ne comprends pas. Quelque chose se prépare. Il est au pied d'une montagne que les Tibétains ont nommée Lhotse, « pic sud ». Elle culmine à 8 516 mètres, trois kilomètres à vol d'oiseau au sud de l'Everest. Son impressionnante face sud, qui le surplombe, n'a encore jamais été gravie. Au-dessous de ces lignes denses qui s'harmonisent comme celles d'un paysage dessiné, l'homme a concédé à la mémoire de cet instant un entretien, assis sur une caisse de matériel. Il est alpiniste et se lance en solitaire dans l'ascension de ce mur de glace et de roche avec rien d'autre que son sac à dos, sa technique, et sa détermination.

C'est triste comme c'est beau, une veille de départ. Tout semble en équilibre. Un grand silence plane autour de la caméra. Un silence profond, qui résonne, lié à la paix et l'inquiétude mêlées, à la solitude et la mise en scène confondues. Sait-il vraiment ce qu'il va accomplir ? Évidemment, comment ne saurait-il pas, lui qui travaille tant, qui rêve et réfléchit sans relâche ? Qu'est-il d'autre qu'un génie du mouvement sur les parois verticales ? À l'image, son corps n'annonce pas qu'il va devenir sublime. Le défi, l'élégance seront dans l'acte lui-même. Pourquoi sourit-il ? Peut-être pour qu'on devine l'audace, il sculpte déjà son décor. Il a mesuré les lignes, les inclinations avec un sixième sens de géomètre. Et quand il se tait, se replie en quelque sorte, on oublierait presque ce qui se profile. Il est un homme en retenue avant les éclats. Dans ses réflexions secrètes, son matériau de solitudes, règne un grand calme opaque, profond, sous-jacent à chaque geste, où sa force semble ne jamais s'épuiser. Il n'est pas grandiloquent, pourtant son phrasé ne parvient pas à gommer un je-ne-sais-quoi d'insoumis, d'indocile et de noble. Un caractère réfléchi et une pensée aventureuse. Une impression d'irréductible indépendance transpire de sa personne, comme si la vie qu'il avait développée en montagne l'avait définitivement isolé de ses pairs, le transformant en éternel marginal.

C'est une grande ascension inédite, risquée. L'intervieweur qui se trouve à son côté se laisse prendre dans l'étau de la peur. « À tout moment, vous est-il possible de recevoir de l'aide de l'extérieur ? Avant une ascension particulière, vous arrive-t-il de penser que cette ascension pourrait être votre dernière ? » Toutes les questions convergent vers un même effroi. Forcément l'alpiniste lui-même se sent au bord de quelque chose. Toute sa vie devient palpable, toutes les raisons qui font qu'il est au pied de cette montagne imposante, toutes les étapes qui ont structuré sa vie, ses décisions, ses rencontres, tout ça se presse sur ses épaules, d'une manière perceptible, et courbe son dos. L'ascension est devant lui, imminente. Il se concentre, cligne des yeux sous ce soleil que les pupilles peinent à accepter. Il renonce à rassurer, il connaît le danger, mais les lames aiguisées de la peur ne lui troueront pas l'estomac. Il sait qu'en son acte demeure le grand risque de se perdre soi-même. L'interview se déroule en anglais, il se surprend à répéter une fois encore : « Dans le roman *Kim* de Kipling, quand le protagoniste arrive en vue de l'Himalaya, il dit : "Ce n'est pas un monde pour les hommes." Et c'est évident, ce n'est pas un monde pour les hommes. » *No world for men.* Peut-être s'étonne-t-il d'entendre les échos de ces mots en lui. Il sait qu'il n'est qu'un corps de chair bientôt livré à la paroi, seul, loin de ceux qu'il chérit. Non, personne ne pourra lui venir en aide si un problème se présente. Alors on lui demande pourquoi il est là. Pourquoi ? Pour quoi... il faudrait sans doute qu'il réponde avec des mots ordinaires, des arguments d'évidence. Mais les mots ne lui suffisent pas, il cherche la sensation. Beaucoup perçoivent l'inconscience, l'orgueil. Ont-ils vraiment compris les motivations de l'alpiniste solitaire ? Connaissent-ils cette expérience de liberté suprême ? Il aime la confrontation directe et légère avec la roche. L'escalade rapide, aérienne, avec le moins d'équipement possible. Il se délecte des perceptions brutales ou subtiles engendrées par l'altitude, qui isole chaque fragment de son corps, chaque grain, et génère un état de tension absolue, sentiment d'unité propre aux ascensions épurées.

Le bruit du vent enveloppe ses propos. Sa voix fend l'air pour aller tinter, juste, à mon tympan. C'est cristallin, et ça va au cœur. Il parle avec l'absolue vérité du risque et il sourit, il se dit très heureux de partir. Y a-t-il plus profonde audace ? Oser se révéler dans sa fragile humanité. Une mauvaise décision, une petite hésitation, et en l'espace d'une seconde, tout peut basculer. Il semble aimanté par ce monde sidéral. Une autre pensée émerge, plus enfouie, celle qu'il se récite depuis quelques années déjà : il sait qu'il va accomplir une prouesse insensée, dont il se sent capable, et peut-être entrera-t-il dans l'Histoire.

Il y a comme le partage d'un savoir entre les deux hommes devant la caméra. Ils s'observent, et dans l'intimité du tête-à-tête, une onde de respect mutuel, la pulsation de l'approbation vient battre entre leurs deux visages. Ce qui marque dans cette vidéo, ce n'est finalement pas ce qu'on y entend, mais ce qui reste masqué, une présence invisible qui capte toutes les attentions. L'ombre portée de nuages intimes plaquée sur le regard de l'alpiniste, un voile ondulant sur les crêtes… Les cimes fument, une petite épaisseur floue contre laquelle la vue se brouille. L'arrière-plan semble tracer une frontière avec un autre monde, derrière le paysage. Comme si ce décor se tenait à la lisière d'un plus grand vertige encore.

Dans la séquence d'après, on voit une minuscule figure noire sur la paroi. Un point sur l'immensité glaciaire, qui progresse lentement et sans heurts sous des séracs. Tout détail est aboli : ne subsistent que les formes les plus abstraites. L'infini l'aspire. Dans ce plan large, cette miniature se déplace avec obstination sur le mur très raide. Par moments un nuage dissout la silhouette qui chemine. Le zoom tremblant de la caméra tente un instant de la saisir, elle irradie, m'aveugle, puis ne fait plus qu'une tache floue, presque indistincte, comme un trou noir dans l'image, qui m'absorbe à mon tour.

1

8 848 MÈTRES

Il s'appelle Nicolas Jaeger. Sa mère Janine Niepce, lointaine parente de l'inventeur de la photographie, Nicéphore Niepce, est l'une des premières femmes reporters-photographes françaises. Pendant la guerre, elle développait des films pour la Résistance. Agent de liaison, elle parcourait chaque jour une vingtaine de kilomètres à bicyclette, les poches de sa large jupe remplies d'argent et de faux papiers. C'est ainsi qu'elle a rencontré Claude Jaeger alias « colonel Michelin », l'un des responsables de la Résistance communiste. Très idéaliste, comme Janine, il désire transformer la société et le monde.

« Comme la jeune fille du roman préféré de mon adolescence, Fleur de France, j'épouse le colonel de mon réseau, écrira Janine. Il a 30 ans. Nous pensons que le nazisme est mort à jamais. Demain le monde sera meilleur. C'était non seulement notre espoir mais notre projet, nous voulions un enfant qui en profiterait. »

Claude, chargé par le Parti de superviser l'intégration des Francs-tireurs partisans dans l'armée régulière, remplace le colonel Fabien lorsque ce dernier est tué par l'explosion d'une mine en Alsace. Démobilisé, il regagne Paris et se rapproche du cercle artistique réuni au *Café de Flore* autour de Beauvoir et de Sartre – « un monde non conventionnel, composé d'artistes, d'acteurs, d'intellectuels, de réfugiés, d'écrivains, de poètes, de communistes, de trotskistes et d'anarchistes », selon Simone Signoret. Picasso est à leurs côtés, ainsi que Giacometti et ses mystérieuses boîtes d'allumettes contenant les projets miniatures de ses futures sculptures. Passionné par le cinéma, Claude Jaeger devient producteur de films et acteur, ainsi que directeur adjoint du Centre national du cinéma français. Janine Niepce, quant à elle, décide de consacrer sa vie à raconter, à travers la photographie, les changements de la vie paysanne, les grandes transformations urbaines, le progrès social, l'évolution de la vie des femmes et leurs revendications pour l'égalité. « Je dois dire que dans toutes les photos de Janine Niepce, il y a du bonheur », écrira Marguerite Duras.

Nicolas naît le 20 octobre 1946 à Paris. C'est un nourrisson musclé, aux poings dressés selon les dires de sa mère. Il y a déjà dans son œil une vivacité que rien ne peut éteindre. Très vite, il aime les rendez-vous privilégiés, les tête-à-tête, il chérit ses parents. Ceux-ci divorcent quand il a 7 ans. Nicolas voit alors son père le week-end, et, sauf déluge de pluie ou autre obstacle fâcheux, Claude emmène l'enfant grimper le dimanche à Fontainebleau. Le bloc permet de développer des compétences techniques, mais le jeune Nicolas s'en éloigne, les semelles glissent sur la roche sableuse, les prises sont rares et espacées, et les nombreux grimpeurs présents l'incommodent. Ce qu'il aime dans la forêt, c'est grimper au sommet des arbres. Se détachant des meutes, il se déplace à l'instinct. L'oreille est aux aguets et le muscle bondit sur la fibre du bois. Son petit être est avant tout un corps, constitué de toutes les sensations qui naissent à la surface de la peau, sa conscience n'est pas enfouie dans les replis et les méandres de son imagination, elle affleure, sensible au vent et à la roche, aux appuis et aux élans. Il avance, repérant le moindre danger, et parvient facilement à placer ses mains et ses pieds ; là-haut, il lit les aventures de Tintin sur les conseils de son grand-père

Niepce, un des pionniers de l'aviation. Il redescendra « dans le monde des hommes » quand cela lui plaira. Il chérit la solitude, de préférence en hauteur, dans laquelle il cultive ses pensées. Il recherche les contrées sauvages à la beauté âpre. Il semble attentif au murmure du vent, à tout ce qui frémit autour de lui et dont il réinvente la forme. Le paysage se manifeste avec frénésie, il fourmille d'informations et tout son corps y est sensible. Accordé à la nature, perméable et rapide dans ses adaptations à elle, il est déjà ailleurs.

Adolescent, il lit Jules Verne et Jack London. Des albums de photographies : *Images à la sauvette* d'Henri Cartier-Bresson, *Les Carnets de voyage* de Bishop, *Les Paysages* d'Ansel Adams. Il s'évade, le monde est si vaste, autant se mêler à lui. Il est fasciné par ce qui déclenche l'imagination. En se livrant à corps perdu dans les récits que lui offre la fiction, il jette la trame d'une réalité possible. La lecture remplit les après-midi et peuple les solitudes. Elle est une passerelle vers un monde imaginé, rempli de voyages et d'imprévus. Il apprend dans les pages qu'il existe autre chose, derrière son monde. Il est convaincu que lui aussi, un jour, il y accédera. Devant son visage surgit déjà la présence d'un au-delà où personne ne pourra peut-être jamais le rejoindre.

Il grandit, grimper au sommet d'un arbre ne suffit plus. Il pressent l'expérience immense de la montagne lors de ses vacances à Chamonix avec son père, mais ne commence l'alpinisme qu'à l'âge de 22 ans. Alors, très vite, il décide de devenir alpiniste. Faire de la montagne, c'est presque donné au marcheur contemplatif ou au grimpeur occasionnel. Être alpiniste, c'est une autre affaire, c'est en faire une occupation à plein temps, trouver son chemin dans l'histoire des sommets, s'engager pour la vie, accepter la difficulté, les risques et l'inconnu qui vont avec. La volonté est sanguine, le corps imprime le mouvement, et le reste doit suivre.

Nicolas découvre l'intensité du geste, l'immersion intime, les émotions fugitives et violentes de la haute montagne. Elle devient sa vie. Désormais impatient de retrouver ces ivresses, il sait que cette mécanique émotionnelle sera sans fin. Toujours recommencer pour retrouver cette fièvre qu'on n'a pas su faire durer, c'est la quête éperdue des passionnés. Il achète un appartement à Chamonix et s'y rend dès qu'il peut. Il semble porter la fugue en lui, comme un gène. Là-bas, les reliefs lui creusent une place dans le monde – la ligne dentellière du massif, la cascade des glaciers. Son immeuble découpe des morceaux de ciel et l'arrime en terre alpine. De son balcon, il étudie les voies dessinées sur les montagnes. Un itinéraire tracé sur une face vierge ordonne sa structure et modifie le regard que nous portons sur elle. Il répète les courses classiques sans chercher à ouvrir des « premières » illogiques et dépourvues d'élégance. Suivre les traces d'Armand Charlet, André Contamine, Giusto Gervasutti ou Walter Bonatti est pour lui la meilleure façon d'apprendre, de découvrir, de progresser. Il aime imaginer, en se rétablissant sur une plate-forme du Grépon, Mummery débouchant là une bouteille de champagne, presque un siècle plus tôt, en compagnie de ses deux acolytes, Burgener et Venetz.

Ses jours deviennent des courses, encore des courses, toujours des courses. Plus haut, plus loin, plus longtemps. Il devient l'un des alpinistes les plus audacieux et rapides de l'époque. Il compose avec les éléments, sait faire corps avec la roche, laisse parler son intuition, rien ne semble l'atteindre. À partir de 1972, il enchaîne les ascensions solitaires dans le massif du Mont-Blanc, parmi lesquelles une vingtaine d'itinéraires de grande envergure et de haute difficulté, dont beaucoup de premières solitaires, toujours gravies dans des horaires records : l'aiguille Verte, par l'arête sans nom en cinq heures trente, l'éperon nord des Droites en sept heures trente, l'arête sud de l'aiguille

Noire de Peuterey en six heures. Et quand ses ascensions express ne sont pas des premières, c'est que Reinhold Messner en personne est passé avant lui (face nord des Droites en sept heures trente contre huit heures pour son illustre prédécesseur) ou qu'il invente des combinaisons inédites comme cet enchaînement solitaire (l'un des premiers) de la *Bonatti-Gobbi* au Grand Pilier d'Angle et du pilier Central du Frêney en dix-sept heures. Pour cette dernière course, il commence par atteindre le sommet du Grand Pilier d'Angle en quatre heures pour 900 mètres d'une escalade ED qu'il propose de décoter à son retour. Il bivouaque sur une petite vire au pied du pilier Central du Frêney, gagne la base de la Chandelle en deux heures, s'auto-assure dans la longueur dure du dernier tronçon. Le soir même, Jaeger est à Chamonix. Il lui aura fallu six heures pour escalader le fameux Pilier.

Il est de ces êtres qui ont le goût de la solitude, une solitude qui est plus un épanouissement que de la misanthropie. S'il l'aime autant, c'est qu'elle lui permet de laisser libre cours à son audace, son originalité. Elle métamorphose ses expériences en leur prêtant une intensité inédite. On le trouve dans les refuges qui lui sont chers : Argentière, Leschaux, la Charpoua, l'Envers des Aiguilles, la Fourche, les Cosmiques. On le remarque, il a une façon de dévisager les gens qui lui donne un air farouche, comme un ermite dérangé dans son isolement. Mais il y a de la douceur dans son intransigeance, il est comme celui qui revient chargé d'expériences qu'il ne dira jamais, comme celui qui sait et ne se prévaut pas de ce qu'il a connu. Son regard est ferme, droit. Une étincelle qui résume un corps, feu glacé qui peut jeter le plus intense de lui-même. Jaeger n'est pas attiré par des esprits confinés dans une seule forme de culture. N'appartenir à aucune communauté, aucun clan, ne pas s'enraciner, rester hors champ – telle est sa devise. D'où cette soif de pérégriner à travers les milieux, les univers. En parallèle de sa vie alpine, il étudie brillamment la médecine. Il est attaché au département médical de l'Institut national du sport et se spécialise en biologie et médecine du sport.

À Chamonix, sa qualité de Parisien ne lui vaut pas toujours des amitiés. Il essaie à sa manière de se faire accepter. Lors de la sélection pour le stage d'aspirant guide, le célèbre Armand Charlet vient observer l'arrivée des candidats. Connaissant cette habitude et fort bien entraîné, Jaeger décide de lui jouer un tour « à sa façon de Parisien ». Largement en avance, il s'arrête, torse nu, une centaine de mètres avant le contrôle, se rafraîchit et passe une chemise propre et repassée. Un coup de peigne, et il allume une cigarette pour passer le contrôle, frais comme un promeneur. Armand Charlet aurait souri. L'aspirant réussit à convaincre Yvon Masino, qui lui glisse : « Quand même, pour un Parisien, tu ne te débrouilles pas trop mal avec des crampons. » En 1975, à 29 ans, Nicolas Jaeger sort major de sa promotion de guides.

La rivalité entre les Chamoniards et les Parisiens a certes toujours existé, mais le caractère sauvage de Jaeger le prive sans doute de certains compagnons de cordée. Dans sa solitude, il pense comme il veut, il refuse instinctivement de s'aligner sur les positions communes. Il est parfois provocant mais toujours avec élégance. Il assume le décalage. On le juge élitiste. Sa pratique de l'alpinisme est sans fioritures, réduite à l'état le plus pur, où l'éthique et l'esthétique se veulent maximales. Sa rigueur, tout autant que sa passion pour une escalade purifiée, l'incite à prendre des positions tranchées. Il se refuse à employer le moindre piton à expansion, estimant qu'il n'a aucun droit à laisser cette trace indélébile de son passage sur la roche. Il s'agit selon lui d'un geste « écologique », un mot qu'il juge galvaudé. Son attachement profond le relie à la beauté des sommets, son noyau intérieur se trouve en ces lieux. Il est en perpétuelle recherche de pureté, d'excellence et de connaissance. Il a choisi l'alpinisme solitaire car aucune autre activité n'offre cette alliance intime de l'effort physique et moral, de la concentration intellectuelle et du plaisir esthétique. Ces ascensions l'exposent à des risques supplémentaires et exigent une excellente condition physique, la confiance absolue en son corps, une maîtrise technique parfaite et un équilibre psychologique solide. Il ne s'auto-assure presque jamais, aucune erreur n'est donc permise, mais pour lui c'est un acte pour la vie, non pour la mort ; c'est le prix de la liberté, de la simplicité, de la légèreté, de la vitesse, de l'instinct. Seul, il respecte son propre rythme, avance comme et où il veut, décide de s'engager ou non, et en position délicate, il apprend à se transcender. Il est individualiste si l'individualisme signifie se forger une personnalité indépendante et une volonté trempée par des épreuves choisies. Il grimpe depuis son extrême désir, avec tout ce qu'il a appris de son propre corps-à-corps avec la vie.

Jaeger aime l'hiver, la haute montagne et sa virginité perdue durant l'été. La brièveté des jours, le froid vif, l'abondance de la neige et de la glace augmentent considérablement la difficulté des ascensions. Il en éprouve un plaisir fou malgré les onglées cruelles, les nuits glacées, le poids écrasant du sac lié aux bivouacs nombreux. Plaisir intense, car gagné de haute lutte sur la nature austère, la faiblesse du corps et la paresse de l'esprit. Plaisir sérieux et contenu cependant, car la marge de sécurité est mince, l'hiver, pour un solitaire : la course doit être bâtie comme un mouvement d'horlogerie. Au début des années 1970, l'histoire de l'alpinisme solitaire hivernal est brève, la première grande réalisation remonte à 1965 et reste un modèle : la voie nouvelle ouverte par Walter Bonatti dans la face nord du Cervin. Le champ du possible est encore vaste. En 1976, après une préparation méthodique, Jaeger s'octroie un hiver entier à Chamonix pour placer au plus haut ses réalisations. Pour supporter les basses températures en altitude et tester son équipement, il s'entraîne à dormir sur le balcon de son appartement. Combinés aux rigueurs et aux beautés austères de l'hiver, l'isolement et les exigences de l'escalade solitaire deviennent pour lui une étape obligatoire de son chemin, un pas de plus vers la recherche de ses propres limites. Il s'engage dans des voyages intérieurs qui modifient son regard, il accède à certaines zones insoupçonnées, il n'est jamais le même quand il redescend.

Quand il n'est pas en montagne ou dans les rues de Chamonix, il vit à Paris avec sa femme et ses deux filles, Hélène née en 1968 et Marie née en 1977. C'est toujours un événement quand il revient. Il ouvre la porte et s'annonce, entre avec son sac à dos de montagnard, qui a dû en voir, du pays. Un barda qui aurait beaucoup à dire, s'il pouvait parler. Ces retours, il semble que la famille peut les reconstituer avec exactitude – la façon dont il pose ses affaires, l'immersion de son corps sec dans l'appartement parisien de La Motte-Picquet, l'intensité avec laquelle il occupe immédiatement le volume des pièces. Très vite, ce volume semble se conformer à sa présence. Il réussit chaque fois à retourner sa légère inadaptation des premiers moments et à remodeler l'organisation du foyer autour de son arrivée. Chaque chose a sa place : du briquet à l'altimètre, le paquet de Gitanes, les livres, les cordes, les carnets. Il y a toujours, dans sa présence, dans la manière dont il gravite dans la maison, dont il y porte son corps, un voile impénétrable, qui émane des traits du visage, du regard, comme s'il remuait en lui-même des pensées sacrées, impossibles à communiquer, et qui ne cessent de l'assaillir. Quand il s'ouvre et se confie, il brille par ses remarques, par sa parole d'un éclat unique qui frappe tous ceux qui le rencontrent. En sa compagnie, les autres s'élèvent, rejettent les lieux communs, les idées imprécises, les paroles confuses. Il est un permanent aiguillon à l'exercice de la rigueur, un stimulant à l'exigence de la réflexion.

Hélène vit des moments suspendus avec son père. Tous deux discutent des heures, chez eux. Hélène se cale près de lui, il pose sa cigarette dans le cendrier, et entame alors, à sa seule intention, des paroles précieuses ; elle se laisse bercer par la mélodie de son phrasé, par sa voix couverte de cendres. Elle observe ce corps qui s'est confondu avec la roche, il est un morceau de la montagne et du temps. Ces échanges n'ont pas toujours besoin d'être prolongés, ils suffisent à éclairer des semaines entières. Ils ont leur vie propre et orientent le regard vers des horizons exaltants. Hélène a l'impression qu'il la regarde vraiment, qu'il est tout attention. Pour son père, indépendance, liberté et esprit critique sont les seules valeurs. Mais il sait que sa fille mérite aussi encouragement et délicatesse.

Nicolas fume un paquet de Gitanes sans filtre par jour, du tabac brun, fort. Quand on l'interroge sur le sujet, il rétorque : « *Nobody's perfect.* » Il a toujours cultivé des points de vue qui le démarquent de ses contemporains. Il ne craint pas la discorde lorsqu'il faut faire état du fond de sa pensée, il ne cherche pas à plaire et son authenticité apparaît à certains comme une rustrerie. C'est un esprit radicalement indépendant, un inclassable de son temps, son tempérament indomptable ne lui vaut pas que des trophées. S'il s'ennuie lors d'un dîner, il peut se réfugier dans un mutisme complet et finir par quitter la table pour s'isoler près de la bibliothèque. Il impressionne par son silence pesant, il peut passer des heures enfermé dans un mutisme gênant. Mais s'il prend la parole, il impressionne. C'est un maître, un maître sans disciples, qui ne laisse pas derrière lui une société d'amis, d'admirateurs. Prudents sont ceux qui se risquent à le côtoyer, pourtant ceux qui peuvent témoigner de leur amitié avec Nicolas Jaeger se souviennent de l'intérêt sincère qu'il porte aux autres. À l'image d'un ermite reclus, il faut opposer celle d'un homme préférant l'individuel au collectif, choisissant ses relations mais avec exigence, sans la misanthropie qu'on a voulu lui prêter. Chez lui, une discussion est toujours une affaire sérieuse, qui a trait à la recherche du vrai. Virtuosité de l'intelligence, à rebours du superficiel ou de la rhétorique. Il aime raconter ses voyages aux Andes qui deviennent une terre d'élection. Il aime la poésie et la mélancolie de certains paysages, la puna surtout, il cite souvent ce poème quechua :

> « Pourquoi suis-je errant ?
> Ma mère fut-elle la vigogne de la pampa
> Et mon père le cerf de la montagne,
> Pour que je sois errant,
> Pour que j'aille sans repos,
> Enveloppé dans le vent,
> Par plaines et par monts,
> Vêtu de vent et de froid ? »

En 1977, il organise une expédition au Pérou. En quatre mois, il réussit la première solitaire de six *nevados*, souvent par des voies nouvelles : Alpamayo (5 947 m), Santa Cruz (6 259 m), Ranrapalca (6 162 m), Pucaranra (6 147 m), Palcaraju (6 274 m), Huascaran Sur (6 768 m). Sur ce dernier sommet, il connaît son premier accident. Alors qu'il évolue sur l'arête nord-est, une douleur au bas des reins l'assaille, les jambes se dérobent et les pointes des crampons griffent la glace. Il tombe. Une étroite plate-forme a pu retenir sa chute. Heureusement qu'il y a des erreurs qui pardonnent, conclura-t-il, mais une faute en dix ans d'alpinisme, c'est encore trop. Il se disait fier de n'avoir jamais connu le moindre incident en montagne jusque-là : pas de bivouacs improvisés, pas d'errements à la recherche d'un itinéraire perdu, aucune défaillance. Pour lui, tous les accidents résultent d'une erreur humaine. Il cite Jean Franco : « Je considère l'alpinisme comme un jeu merveilleux, l'accident comme une faute, la mort comme l'erreur suprême. » Sa conclusion : « Savoir que l'on ne peut faillir, en connaissant la possibilité de l'erreur ; le défi de l'alpinisme solitaire reste aussi obsédant, aussi exigeant. »

Il revient dans les Andes l'année suivante pour une expédition ultralégère, seul grimpeur, accompagné d'un photographe non-alpiniste. En deux mois, il réussit encore cinq premières solitaires, toutes sur des voies nouvelles : Taulliraju (5 830 m), Abasraju (5 750 m), Santa Cruz (6 259 m), Huandoy Oeste (6 356 m), Chacraraju Este (6 001 m).

Entretemps, Pierre Mazeaud lui a fait une proposition qu'il n'a pas pu refuser. L'alpiniste entré au gouvernement a connu son père Claude, un ami croisé à Saint-Germain-des-Prés, à *L'Hôtel de Paris*, à Chamonix ou place des Lices à Saint-Tropez. Il se souvient, avoir vu un garçon le dépasser en trombe dans le couloir Gervasutti au mont Blanc du Tacul : Nicolas, 23 ans, presque débutant. Ils se sont croisés dans le mauvais temps sur l'éperon des Cosmiques, Mazeaud lui a proposé de se joindre à l'expédition Everest 78. Jaeger a accepté sur-le-champ. Dans la presse, il explique son choix qui n'est pas exactement conforme à sa façon de grimper, lui l'adepte du solo et des expéditions légères : « Trois raisons m'ont poussé à partir dans cette affaire. Premièrement : quand on te propose l'Everest, tu acceptes. C'est une opportunité rare qui ne se refuse pas ! Comme le dit justement Pierre Mazeaud : tous les alpinistes rêvent un jour de monter à l'Everest, je ne fais pas exception. Deuxième raison, tout aussi importante : me spécialisant dans la médecine sportive tournée vers les problèmes de la montagne, il était intéressant à plus d'un titre de voir comment les autres et moi-même allions nous comporter à plus de 8 000. Il s'agit pour moi de confronter toute une connaissance livresque avec une expérience pratique. J'ai appris pas mal de choses. J'ai constaté que je m'adaptais remarquablement à la haute altitude et que, en voyant fonctionner les autres, il circulait beaucoup d'idées périmées, un peu poussiéreuses sur la haute altitude. Les choses ont beaucoup évolué depuis 15/20 ans, on ne doit pas envisager l'altitude comme "le monde de la mort". Enfin, troisième raison, et je ne crois pas qu'il y ait de honte à en parler, c'est l'aspect publicité, renommée personnelle. Ce n'est un secret pour personne, les expéditions en montagne sont de plus en plus difficiles à organiser, à monter. Or, dans cette affaire nous serons largement soutenus par la presse audiovisuelle. J'ai pensé avant, et je pense toujours, que c'était là un marchepied très commode pour me faciliter la vie dans l'avenir et pour me permettre de monter des opérations plus conformes cette fois à mes désirs ! »

Pour Mazeaud, c'est simple : Jaeger est « l'alpiniste de pointe, celui sur lequel on peut compter en toutes circonstances ». Tout simplement « l'un des plus brillants au monde ».

Claude Deck, chef adjoint d'Everest 78, lui demande de s'occuper de toute l'alimentation. Il accomplit sa mission avec une très grande précision. Au camp de base de l'Everest, le long du glacier du Khumbu, il observe les pentes bleues, les blocs de granit qui basculent, fait des dessins remarquables de clarté, au milieu de séracs en immense déséquilibre. Il écoute le bruit des avalanches qui déferlent du Pumori, du Nuptse, du Lho-La, tout entier tourné vers le but qu'il s'est fixé. Mazeaud est admiratif : « Sérieux dans ses relevés météorologiques, efficace quand il s'agit de planter la tente, il effectue ses tâches sans se plaindre, toujours là quand ses compagnons ont besoin d'une épaule sur laquelle s'appuyer. Jusqu'au bout il sera l'éclaireur, le premier. Taiseux parce qu'il n'a pas d'énergie à perdre en bavardages, efficace et doué d'un bon sens un peu austère, celui sur qui on peut compter. »

Le 15 octobre 1978, Nicolas Jaeger et Jean Afanassieff sont les deux premiers à atteindre l'Everest. Sous un ciel bleu sombre, à 8 848 mètres d'altitude, Nicolas retire son masque à oxygène. L'air envahit ses bronches, relâchant, dans une déflagration diffuse, l'ensemble de sa cage thoracique qui semblait enserrée dans un corset, pendant que monte au cerveau une vague qui dilate les nœuds. Les sensations se bousculent. Il pose l'index et le majeur sur sa carotide pour prendre son pouls, écoute le flot de sang épais dans les veines. L'inlassable pompe sous ses côtes le gonfle de joie, sa poitrine se dilate ; il absorbe par tous ses pores la haute altitude, son regard avale l'espace, dévore les moindres détails. Il se sent si bien qu'il allume une Gitane. Le monde entier se met à tourner en lui à une vitesse folle, à un degré de conscience surélevé. Il sait déjà que son existence en sera définitivement changée. Bientôt Pierre Mazeaud les rejoint avec le cinéaste Kurt Diemberger. La première ascension française de l'Everest est réussie et Mazeaud a rendez-vous avec les médias. France Inter l'a équipé d'émetteurs portatifs légers pour donner ses impressions jusqu'au sommet. Depuis le col Sud, les communications sont perturbées par l'épaule ouest de l'Everest. Mais au sommet la liaison semble à nouveau fonctionner. Allô ? Les grésillements d'abord, ce lointain qui prend forme et ces premières vibrations contre la membrane des tympans.

Allô ? Ces deux syllabes empruntent une trajectoire sidérale, acheminée jusqu'à l'appartement de l'avenue de La Motte-Picquet, répercutée d'un satellite à l'autre, la voix limpide et les rires traversent le cosmos avant d'atterrir dans l'oreille d'Hélène, émerveillée à côté de son petit poste de radio. Elle entend Afanassieff crier : « C'est l'pied ! » Puis Nicolas saisit le micro et cette voix devient son paysage. Son père est posé, comme un médecin en consultation : « Sur le plan médical... des choses intéressantes. Je suis surpris qu'on soit aussi bien à cette altitude. On est tous sans masque, dès qu'on bouge on est évidemment assez essoufflés, mais aucun de nous n'a mal au crâne, et on est vraiment très confortables, on a la chance d'avoir des conditions météo absolument exceptionnelles. Il ne fait pas froid, le soleil chauffe, il y a un petit vent du nord mais on est deux mètres en contrebas de l'arête, on le sent à peine. »

Ensemble, ils restent quatre-vingt-quinze minutes sur le toit du monde et les pensées qui roulent sous leurs crânes demeurent intactes. Rythme cardiaque normal, pouls idéal, pas de palpitations, pas de crampes, ni de souffle court et encombré, toujours aucun écho anormal dans le thorax, pas de vibration dans l'abdomen. Doivent-ils ajouter à cet exploit une petite folie ? Cette « face du Lhotse » qui leur avait paru trop rocheuse, impropre à la pratique du ski, présente, vue d'en haut, un tout autre visage. Ils observent une pente intéressante. Le lendemain, 16 octobre, Nicolas et Jean décident de descendre jusqu'au camp 2, en empruntant un couloir partant directement du col Sud sur une pente moyenne de 40 degrés. Aucune chute, aucune faute de carre n'est permise. La première perte de contrôle pourrait être la dernière. Mettre les skis en mouvement dans ce type d'inclinaisons requiert de la volonté. Ils dérapent sur quelques mètres, bloquent les carres, appuyés sur les bâtons. Ils raclent la pente raide avec des planches aiguisées comme des couteaux. Et ils se lancent en toute liberté. Les épaules et les hanches frôlent la neige tassée et dure.

La descente dure presque trois heures, ils ont « l'impression de voler ». À la fin, ils coupent au pied de la face sud-ouest, légèrement en dessous du camp 3 des Anglais, pour arriver presque à l'aplomb du camp 2, à 6 500 mètres. Le lendemain, ils décident de continuer à ski jusqu'à 5 700 mètres, dans la combe Ouest, pour finir dans l'Icefall. Ils viennent, sans le vouloir, d'établir le record absolu d'altitude à ski : une descente de 8 200 mètres à 5 700 mètres. Un exploit « accidentel » qui prendra de court quelques skieurs désireux d'inscrire à leur palmarès le premier ski au-dessus de 8 000.

Nicolas Jaeger est un homme pour qui la vie vaut d'être vécue si l'on atteint des expériences de cette intensité. Cette exigence fait la force de son parcours. On la perçoit, irrévocable, dès les prémices, dans chacune de ses intentions. Il a connu un bouleversement intérieur qui a probablement renouvelé son regard sur la vie. Son frère, Fabien, son cadet de dix ans, le fils de son père, s'est donné la mort en 1975, à 19 ans. « La solidarité fraternelle ne se remplace pas », dit Nicolas. Le sérieux au fond de ses yeux, cette sévérité qui lui donne l'air austère, est-ce le reflet de l'absence cadenassée en soi ? Quel mouvement le choc intense a-t-il mis en branle ? Le deuil précoce peut devenir un profond stimulant de la création. Cette césure intérieure, catalysant ce qui brûlait au fond de lui, a rendu sa personnalité si complexe, si passionnante à apprivoiser. Il n'a jamais cherché à comprendre les raisons de cette énergie, explorer ses effets lui suffit, ses sens vibrent différemment. Il n'a jamais saisi pourquoi la montagne avait un tel effet sur lui ; il l'a choisie. À 20 ans, il pratiquait une dizaine de sports différents, un éparpillement peu satisfaisant qui ne lui permettait de prétendre nulle part à la maîtrise. Il a choisi l'alpinisme, « quelle part attribuer au hasard dans ce choix ? » se demande-t-il encore. Aujourd'hui, la montagne l'appelle et il accourt. Il est impossible de lui résister. Rapidement, son corps s'adapte. Il sent son cœur changer de tempo. Le froid devrait mordre, il ne mord pas. Il fait battre le pouls. La montagne le porte. De son refuge chamoniard, il ouvre la fenêtre et elle est là, dans toute la majesté de sa hauteur. Aucune personne ne peut bloquer cette puissance en marche. Sa mère, Janine Niepce, s'inquiète. Il charrie toutes les angoisses possibles : une crevasse qui s'ouvre, une prise qui lâche, un corps qui chute, l'avalanche. Rien ne peut persuader une mère qu'il y a une bonne raison de risquer son existence pour l'alpinisme. Les mères créent la vie, les montagnes menacent de la retirer. Mais la montagne est la personnalité de Jaeger, personne ne peut l'empêcher. Il grimpe comme un viatique, une exigence. Il grimpe pour ne pas mourir. Alors Janine doit ravaler ses craintes et ses recommandations. Son corps se fait cuirasse pour garder cette douleur bien serrée en elle.

Quand il reste trop longtemps à Paris, il n'est pas là où est son corps, et son entourage le sent. Il ne coïncide plus avec les lieux ni les gens. Les nerfs se tendent comme des cordes. À son retour de l'Everest, il prépare un projet d'envergure dans les Andes. Il ne s'agit plus seulement de grimper haut mais de vivre haut. Quand on lui demande s'il repart, où et quand, il ne répond pas toujours. De nouveau, le silence imposant qui contient la pression des montagnes. Sa vie tout entière semble se jouer dans un intervalle énigmatique, situé au plus profond de lui-même, une alliance inédite du sérieux et de l'extravagance. Là gît sans doute le secret dont je le sens habité et que je cherche à percer. En lui, l'insondable, l'aimantation, le brûlant. À l'extérieur, la rigueur, la rectitude, la pudeur.

2

VIVRE AVEC LE VENT

Six mois à courir les cimes, six mois à Paris : c'est le rythme de vie de Nicolas Jaeger. Il lui faut grimper pour se redécouvrir un corps, un corps qui exulte et entend s'exprimer ; des organes dont il peut tout ignorer tant qu'il évolue en ville. Quelque chose lui est toujours dérobé dans le savoir des livres ; il n'a pas accès à cet endroit profond où se noue une possible alliance entre soi et le monde. Il aime investiguer. Il est quelqu'un qui doit explorer, en lui et autour de lui, aller au fond non seulement d'une idée mais de la moindre expérience ou impression. Cette passion de se saisir, cette prise de conscience exhaustive, l'amène à sonder toutes les zones de son être. Il lui faut partir de la vérité du corps, son infinie sagesse, elle qui sait la nuit que nous ignorons. Il a appris que le corps peut être intellectualisé au plus haut degré pour obtenir une intimité avec l'esprit.

Sa nouvelle expédition au Pérou, l'été 1979, il l'organise en deux phases. La première est classique : ascensions dans la cordillère de Huayhuash en compagnie de Brian Hall, Alan Rouse et Philippe Charliat (cameraman) : Ninashanca (5 637 m), Yerupaja (6 634 m), Trapecio (5 653 m) et traversée complète des sommets du Rasac sont au programme, avec de nouvelles premières solitaires à la clé. La deuxième doit lui permettre d'approfondir sa compréhension des effets de l'altitude sur le corps humain. Il l'a baptisée Opération survie solitaire Huascaran.

Au cours d'un séjour de deux mois sur ce sommet (6 700 mètres), Nicolas Jaeger veut étudier sur lui-même la résistance de l'organisme humain en très haute altitude.

Le Huascaran est une montagne massive dont les deux cimes sont bien séparées par une vaste selle neigeuse, la Garganta (6 010 m). Il s'agit d'un projet réfléchi à l'Everest, au milieu de la grande expédition lourde avec Sherpas et journalistes, il désirait plus que tout retrouver sa solitude. Après plus d'une centaine d'ascensions en solitaire dans les Alpes et les Andes, il envisage cette expérience comme un carrefour où ses deux passions, la médecine et l'alpinisme, se rencontreront. Les réactions du corps en haute altitude restent riches en mystères, l'empirisme règne en maître. L'objectivation scientifique de sa vie rassure le docteur Jaeger, il s'envisage comme un ensemble de signes à décrypter, il prête corps à la science ; son existence, seul au sommet, deviendra une réalité biologique. Les observations médicales, quotidiennes durant toute la durée du séjour, fourniront la matière essentielle à une thèse intitulée *Contribution à l'étude du comportement humain en haute altitude* que Jaeger doit soutenir en février 1980. Sans doute, l'alpiniste y trouvera aussi quelque profit personnel puisque son expérience ne pourra, dans l'avenir, qu'augmenter sa confiance quant à ses capacités d'adaptation.

L'essentiel n'est pas là : cette tentative de survie à 6 700 mètres, la première à une telle altitude, entend transformer les idées classiques sur l'adaptation de l'homme aux très hautes altitudes. Le sujet a déjà passionné plus d'un physiologiste et plus d'un alpiniste. La seule expérience comparable a été réalisée durant l'hiver 1960-1961 dans l'Himalaya, par une équipe britannique rassemblée autour d'Edmund Hillary et dirigée par le physiologiste Griffith Pugh. Les cobayes ont séjourné une centaine de jours à 5 800 mètres dans une cabane préfabriquée de six mètres de long – la *Silver Hut*, qui a donné son nom à l'expédition.

Les conditions que s'impose Jaeger en 1979 sont différentes, bien plus dures : altitude supérieure de presque 1 000 mètres, solitude au lieu d'un groupe important et conditions beaucoup plus précaires : vie sous tente légère et non dans une structure préfabriquée, chauffée et équipée de lits. Les observations recueillies au Népal n'ont jamais vraiment été exploitées, car les alpinistes étaient avant tout venus pour tout autre chose, notamment rechercher l'inévitable yéti. L'Opération survie solitaire Huascaran est une authentique première : aucun homme n'a encore séjourné si longtemps à si haute altitude. Entre 3 500 et 5 300 mètres environ, l'organisme met en jeu de nombreux processus d'adaptation pour compenser la diminution de la teneur en oxygène de l'air. En quelques jours, les globules rouges se multiplient, la circulation se modifie, le cœur doit fournir un surcroît de travail, les cellules transforment partiellement leur métabolisme. La très haute altitude commence vers 5 500 mètres ; la pression atmosphérique, diminuée de moitié, compromet l'apport d'oxygène à l'organisme. Au-dessus, une certaine adaptation reste possible, mais elle ne permet pas d'éviter une lente détérioration physique et psychique : amaigrissement, fatigue, insomnie et troubles divers… Toute vie permanente devient impossible. L'un des buts de l'expérience de Nicolas Jaeger est d'étudier précisément les effets de l'altitude et de l'isolement prolongé sur l'organisme et le psychisme humains, trouver des solutions pour résister le plus longtemps possible. Jaeger veut combiner l'altitude et l'isolement en s'installant seul à 6 700 mètres, là où la pression atmosphérique n'est plus que de 43 % de la normale. Il choisit le Huascaran, qu'il a gravi en 1977. Il connaît la rudesse de ses conditions, ses vents très violents, forts courants de secteur est, chargés de l'humidité de la *selva*, la forêt amazonienne. Même par grand beau, ils peuvent opposer un obstacle non négligeable aux andinistes et augmentent les effets du froid. La température varie brutalement et peut descendre en dessous de – 30 °C au cours de la nuit. Le rayonnement solaire intense est riche en ultraviolets, l'air très sec.

Son programme scientifique représente plusieurs heures de travail quotidien. Le docteur Jaeger prévoit des observations climatiques (température ambiante, vent, ensoleillement), des notations médicales générales avec relevés réguliers du poids, du sommeil, de la force musculaire, des températures, des observations cardio-vasculaires (rythme cardiaque et respiratoire, électrocardiogramme au repos, épreuves d'effort statique et dynamique, pression artérielle, poids, force musculaire, à l'aide d'un dynamomètre…), des observations métaboliques et diététiques (boissons et diurèse, excrétion d'azote, taux de sucre dans le sang), des observations neurologiques et psychologiques (test de calcul mental, d'équilibre, de coordination des mouvements, équilibre et coordination, réactions psychologiques subjectives). Il sera complètement seul, sans radio, sans contact avec qui que ce soit. Il n'y aura personne pour venir le chercher en cas de problème. Pour autant, il a confiance. Après vingt-sept bivouacs en solitaire dans les Andes en deux ans, il a l'habitude de la solitude en haute altitude. « Ce n'est pas une souffrance pour moi, c'est un plaisir, vraiment, explique-t-il à un journaliste avant le départ. Et puis, je ne suis pas fou, vous savez : je descendrai quand ce sera le moment. Je ressens actuellement l'impérieux besoin de monter d'un degré dans mes entreprises… mais je n'ai pas pour autant l'intention d'y laisser ma peau. Non, je me connais bien et je m'adapte remarquablement à l'altitude. J'y ai un sommeil de nourrisson ! »

La rigueur est chez certains une donnée primordiale, un privilège. Nul besoin pour eux de l'acquérir, d'y tendre : ils y sont prédestinés. Toutes leurs expériences concourent à les rendre transparents à eux-mêmes. La lucidité les définit. La préparation du séjour se doit d'être minutieuse : un incident imprévu, même minime, peut compromettre l'ensemble de l'opération. Le matériel de camping, l'équipement personnel, le matériel photo et cinéma, l'alimentation doivent résister à la rigueur des conditions climatiques. Une défaillance, comme une panne de réchaud ou une déchirure de la tente, toujours possible, serait catastrophique. Les contraintes de poids et de volume sont également draconiennes pour ne pas gonfler démesurément la logistique de l'opération. L'alimentation sera particulièrement surveillée : thé, infusions, boissons cacaotées, soupes précuites, et bouillon de viandes, sucre, lait concentré sucré, confiture, galettes diététiques, nougat, pâte d'amandes et pâtes de fruits, mélange de graines salées, crème de marrons, chocolat, biscuits, pain d'épices, flocons d'avoine, miel, purée en flocons, sel, fruits secs, viande séchée, légumes lyophilisés.

Quelques semaines avant le grand départ, Jaeger convie ses sponsors à l'accompagner dans un trek. Hélène est là aussi, il est heureux qu'elle ait pu le rejoindre. C'était important pour lui. Le soleil monte vite, court le long des pentes vers le fond des vallons. L'air est si transparent que faces et arêtes semblent toutes proches, hérissées et farouches. Très vite, Jaeger avance loin devant. Le paysage pénètre les cuisses, les chevilles et les veines. Il sent son corps fourmiller du crâne aux orteils, comme sous la charge d'un éclair imminent. Hélène a la permission de monter sur une mule lorsqu'elle est trop fatiguée, mais les invités derrière se traînent. Ils ne verront plusieurs jours que l'image d'un homme de dos ; la démarche et la détermination solides. Jaeger ne semble guère compatir. Il les emmène sur des étapes plus longues afin de se délester rapidement de ses obligations envers eux, il manque de les perdre, il ne pense qu'aux choses sérieuses. Chaque soir, il sait se rendre disponible pour les villageois qui font la queue, attendant d'être soignés. La « bobologie », comme il dit, ne l'a jamais intéressé, mais au contact des déshérités, le médecin se réveille en lui.

Le vent a pris une vigueur nouvelle. Les hauts sommets gagnent en netteté à chaque minute, et il continue de marcher les yeux fixés sur l'horizon. Il entend les nuits d'été chanter dans son corps que le froid réveille. Et à l'aube, dans ce qu'il semble laisser derrière lui, dans cette dissolution si évidente, il avance nu et neuf, offert au gel, attendant que le jour se lève tout à fait sur cette nouvelle version de lui-même qu'il souhaite découvrir, réduite au crissement de son pas. Son corps lentement se transforme sous l'effet du regard qui convertit le décor en molécules constitutives de sa personne. Il sent la résistance de l'air qui entre dans ses narines, ses poumons, il ne s'agit pas de cet oxygène dans lequel on évolue sans y songer, mais quelque chose dont la densité est soudain perceptible ; et cette densité produit en lui comme une ivresse, qui coïncide avec ses sentiments, avec la perspective de la solitude toute proche, sur son perchoir.

Le 16 juillet, il embrasse Hélène, salue les sponsors, c'est le grand départ pour l'Altitude. Il met douze jours pour transporter 300 kilos de vivres et de matériel ; il faudra trois voyages et trois porteurs, Jaeger portant démocratiquement sa charge. De quoi tenir trois mois, sans oublier les soixante paquets de Gitanes et la vingtaine de cassettes audio. Il s'installe au calme, un peu en dessous du sommet, sur un petit îlot entouré de neige immaculée, comme isolé dans l'espace. Le ciel montre toutes les nuances de bleu : bleu délavé, presque blanc à l'horizon, il fonce progressivement jusqu'à un bleu sombre spatial. L'air sonne comme le cristal. Il monte deux petites tentes face à face, réunies par un tunnel, il vit dans l'une et entrepose son fragile matériel dans l'autre. Il veut dormir sur le sol dur, sentir les os frotter la peau. Il n'a pas de matière enveloppante où enfouir son visage. Ne pas atténuer la rudesse, il accepte le dos endolori, les muscles qui tirent. Il préfère franchir chaque strate de la pensée, en conscience, sans protection. S'abandonner à la sensation pure. Il installe une corde fixe entre son camp et le sommet, ce qui lui permettra d'y accéder facilement et de se créer un horizon.

Du sommet, splendide panorama de la Cordillère, la vue s'étend vers l'est jusqu'à la selva, et vers l'ouest jusqu'à l'océan Pacifique. Le ciel est nu, découvert dans sa totalité, offert et cru. Jaeger est immobile et vertical, sur un nuage. Rude et stable dans sa doudoune rouge, il est un profil. L'espace s'élargit tandis que s'amincit sa présence. Il porte sa vulnérabilité en étendard. Heureux celui qui s'arrête au bord des abîmes. Il réfléchit. Comment tourner son esprit vers le vide pour goûter entièrement cet instant de sérénité absolue malgré les dangers qui rôdent ? Se faire une vie sur mesure, une vie à sa main, à son goût. Il confie à ce sommet sa propre existence, aussi insensée soit-elle. Il rencontre, au début de l'été, quelques alpinistes sur la voie normale du Huascaran, il leur offre un thé et échange quelques mots. Il sait que bientôt plus personne ne passera ici. Plus profonde la solitude, plus grande la liberté. Il éprouve cet incompressible plaisir du grand espace autour de lui, si puissamment présent, somptueusement ouvert. Le calme, l'harmonie de la composition écartent la tentation du vertige. Tout est fragile, mais sa manière de vivre est tenue d'une ferveur inattaquable. L'autre nom de cet état pourrait être confiance extrême en soi-même.

Les jours s'égrènent, au rythme d'une vie quotidienne peu commune. C'est la constance et la répétition des gestes qui lui donneront un cap. Tout se joue dans une attention particulière. Il prend le pouls du vent. Rien ne doit lui échapper, de la rafale sournoise à la brise légère. Il y a le plaisir du farniente, des marches, du ski, de l'observation, sans oublier le travail : le pelletage, la cuisine, le rangement, les observations médicales. Il apprivoise les formules nocturnes, les murmures matinaux.

Il fait de cette lenteur un baume posé sur l'urgence parisienne. Autour de sa tente, il a disposé ce dont il rêve depuis longtemps, le ciel, la paix. Le froid est toujours très vif la nuit et permanent en l'absence de soleil. L'humidité s'immisce dans la tente, le sac de couchage, les chaussures. Il se tient dans ce ballet de brumes variables, mais il est reconnaissant à l'allure des ciels de varier de cette manière. Il oscille entre des seuils. Bientôt tout convergera, le visible comme l'invisible, le jour comme la nuit, le revers comme l'envers. Quand il plonge dans l'air, il lui semble qu'il sent mieux les contours de son corps. Il passe la tête hors de la tente, il observe une mosaïque de nuages, et puis l'écho de sa voix se perd, chuchotements épars, mots d'argile – comme des ombres pures. Il accomplit ses routines au milieu d'un champ de neige devenu scène de théâtre. Le blanc brouille toute notion de lieux. Sous le grand soleil, il sort le matériel photo. L'appareil est fragile et peu maniable, il le cale à chaque prise de vue sur un trépied, comme un œil témoin à qui montrer son visage qui se transforme, un œil qui fixera son image pour, peut-être, donner des contours au mirage de sa personne là-haut. Il a un regard franc, les sourcils parfois froncés creusent la ride du lion. Le teint est buriné et fait ressortir sa concentration. Son corps est traversé par le paysage, marqué par tout ce qui y traîne, il s'y fond, il s'y perd, il se met à lui ressembler.

À l'heure des auscultations, il déplace son stéthoscope, il entend la ruade sous les côtes, son cœur bat normalement. Au passage de l'instrument sur le buste, la peau se dérobe et se creuse, elle est comme cabossée. Il aimerait sentir la texture de son corps qui s'oublie sous les couches de vêtements, les muscles, la fermeté. Il aime ce moment particulier de l'examen, capter les bruits délicats des organes et du déploiement alvéolaire, sifflements et murmures internes, mouvements minuscules, toute cette acoustique qu'il reçoit absorbé. Il note certaines observations dans son carnet, il se perd dans la beauté de la montagne, la fluctuation des formes. Le corps humain n'est pas seulement une incroyable machine, il fonctionne comme un tout, engagé dans un environnement. Il tente de saisir cette mécanique fluide dont il perçoit certains ressorts, mais il sait qu'il y a autre chose, un liant, un ensemble de processus, pris dans une autre dynamique. Il écoute ce qui le traverse, ce qui fonde son appartenance à la roche. Son esprit se désagrège par moments sous l'effet du flux de l'altitude.

L'écriture lui permet de prolonger l'étude. Il s'y consacre plus d'une heure par jour. Il fait moisson de réflexions neuves auxquelles il associe ses expériences. En écrivant, il pense mieux. Écrire est une nouvelle île, une manière de jeter plus profondément l'ancre. Il peut ainsi se satisfaire pleinement de cet espace parallèle où il se tient comme au fond d'une cale, brinquebalé entre l'ici et l'ailleurs, exilé à l'intérieur du monde. Il prépare un livre pour les éditions Denoël intitulé *Carnets de solitude*. L'idée est de le travailler entièrement durant ce séjour en altitude pour conserver l'immédiateté de ses pensées. Il a cette façon d'écrire qui lui est propre, une langue sobre, comme une râpe à décaper la réalité du vernis des beaux discours. Il jouit de cette exquise liberté de s'être formé seul, faisant fi des ornières académiques, tirant sa science d'une observation personnelle. Sa solitude est créatrice, elle lui a toujours été nécessaire pour aborder par ses propres lumières les choses qu'il veut connaître, à rebours des consensus. Il se grise de ses propres phrases. Il écrit comme il se comporte dans la vie, avec un volontarisme qui tient de la rigueur et parfois d'une fantaisie inconsciente. Il sait bien que ces réflexions d'une hardiesse nouvelle annoncent la couleur, qu'il prémédite comme un fameux coup, ouvrant la voie à ce qui deviendra sa marque, sa première avancée décisive dans l'histoire de la médecine et de l'alpinisme.

Le temps s'écoule à un rythme particulier. Il a accroché sa montre dans la tente, repère presque inutile. Il ne s'ennuie jamais. Cette solitude lui offre la possibilité d'une vie intérieure, cette conversation avec soi-même à laquelle il est attentif. « Depuis quelques années, ma vie s'écoule à un rythme accéléré qui ne laisse pas place à l'ennui, à l'indifférence ou même à la tiédeur des sentiments ou des réflexions, écrit-il là-haut. Une fois le but choisi, le chemin tracé, pour moi seul l'engagement maximal est la règle. De là peut-être est venu le besoin impérieux d'un temps de réflexion solitaire... La vie que nous impose la société moderne est bien peu favorable à l'exercice pourtant indispensable de la dialectique action-réflexion, il faut en quelque sorte forcer le passage au milieu des obstacles pour tenter de garder l'équilibre fécond. »

Il lit, écoute Brassens et Bach. Il dort bien, toujours. Il accueille la nuit les bras tendus, les yeux ouverts, ils confondent leurs silences, leurs apaisements, tout va pour le mieux. Il est là où il doit être, adéquat à lui-même. Il découvre la solitude dans sa matérialité. Une tente, des cigarettes, des livres. La vraie solitude devient vite peuplée. Ceux qui l'habitent semblent étranges, mais là où d'autres attendent et s'ennuient, eux savourent. Être triste ou gai n'est plus un sujet. Leur paix est d'un autre ordre, elle ne dépend de rien ni de personne. « Les joies changent de nature, moins d'exaltation sans doute, remplacée par une vibration profonde, discrète et intime, comme celle que je ressens ici au cours d'une expérience différente. » Ces êtres ne sont pas toujours compris par leur entourage, et Jaeger revient sur les critiques qu'il a subies. Ne devrait-il pas être aux côtés de son épouse Liliane, et de ses deux filles, Hélène et Marie ? « Je n'ai jamais regretté, bien au contraire, de m'être marié jeune, d'avoir été un jeune père : la solidarité et la complicité qui soudent un couple au fil des années forment un solide point d'appui au milieu des vicissitudes de la vie. » Il ne croit pas pour autant aux vertus de la présence. « Aurait-il fallu renoncer à une famille pour continuer ma vie aventureuse ? [...] Ne vaut-il pas mieux un époux, un père, souvent absent certes, mais épanoui, enrichi par une vie passionnée, qu'un homme brimé, frustré ? » Le supplice le plus redoutable pour lui serait de pas vivre pleinement. Comment une vie toute plate pourrait-elle suffire ? Comment pourrait-on s'en contenter, une fois qu'on a goûté à cette joie si intense de n'être que sensation ? Vivre une vie sans contact régulier avec l'élément brut et sans solliciter de manière extrême son corps serait pour lui impensable, son être s'éteindrait à petit feu ; il l'assume. Il ne pourrait exercer une activité médiocre au quotidien, pour gagner de l'argent ou se plier à certaines règles de société. Corps s'épanouissant dans le sauvage, la peau filtre. L'énergie irradie. La pensée vole.

La solitude lui offre une introspection qu'il ne s'autorise pas habituellement. Elle est la voie royale pour accéder à la vie à l'état nu. Il a l'impression d'être plus affûté, comme si l'altitude vivifiait sa pensée, comme si cette nouvelle configuration du corps induisait une nouvelle configuration de l'esprit, une accélération de ses facultés mentales, la sensation de devenir plus intelligent, comme si son cerveau s'était embrasé en même temps que sa peau. Le 29 juillet, il écrit : « La fatigue, l'altitude, la solitude, *the thin cold air*, le paysage exacerbent ma sensibilité. » Les réseaux de neurones s'affinent au gré des jours, formant des parcours de plus en plus complexes. Il se voit vulnérable, sensible, mais lucide et perspicace. Puis le temps change et s'obscurcit : neige, vent, grésil. Le 24 août, il se réveille au milieu de la nuit : « Crise d'étouffement brève mais très violente, impression de tuyau bouché empêchant de remplir les poumons. » Il s'interroge. Son cerveau est une clairière miraculeusement préservée, l'intelligence est comme une boule de feu. Le vent se renforce au fil des jours, accumulant la neige fraîche contre la tente qui claque. Il est contraint de rester dans son abri où la température baisse. « La raison lâche la bride à l'imagination, kaléidoscope où s'entremêlent le passé et le futur, la réalité et la fiction. Les rafales qui secouent la tente viennent ajouter une note d'irréalité : comment imaginer que seules quelques couches de tissu m'isolent de cet enfer blanc et glacé ? »

Par moments, miracle momentané, le cœur se dilate, les fibres s'étirent, les côtes s'ouvrent et s'assouplissent, des souvenirs tapissent le fond de son crâne, il s'abandonne à d'autres perceptions, plus rêveuses, il se laisse dériver dans l'entrelacs de son existence. Il ne se sent pas lointain, coupé de ses proches, il est plutôt en intimité avec eux. Il se relie en profondeur. Il s'imagine passer un moment dans ses vignes natales, en Bourgogne où la famille Niepce compte des vignerons depuis le XVIe siècle : « Goûter le vin de l'année, à l'ombre d'un immense tilleul, aller voir les vignes et leurs promesses fragiles, savourer l'arrière-goût un peu pierreux de l'air » ; il pense à ses deux filles qu'il va « retrouver bien changées » ; à son parcours : « Je peux dire qu'à 20 ans j'avais fait les principaux choix qui comptent dans l'existence d'un homme » ; à ses ascensions : « L'alpinisme est avant tout source de joies. Comment songer une seconde à vivre sans cette joyeuse exaltation qui parfois semble transcender, l'espace de quelques heures ou de quelques jours, les lourdes sujétions de la condition d'homme ? » ; à ses confidences : « Je me surprends moi-même à étaler sur le papier une sorte d'autobiographie intime. »

Il songe aussi au poème d'Aragon « Il n'y a pas d'amour heureux » dont une phrase l'a frappé : « Le temps d'apprendre à vivre, il est déjà trop tard. » Il y trouve encore « des arguments qui plaident en faveur d'une vie pleine et dense, risquée peut-être, mais sans complaisance ou mollesse vis-à-vis du temps qui passe ». Peut-être souhaite-t-il découvrir une vérité qui n'appartient qu'à lui, parvenir à dire pourquoi, intimement, il est venu ici, il a choisi cette vie de solitaire.

Barbe, cheveux, et ongles poussent beaucoup plus lentement à cette altitude. La peau filtre les influences du ciel, capte et transmet l'embrasement du Huascaran. Sa peau parle pour lui, à la fois vulnérable et robuste. Le manque d'oxygène semble ralentir tous les rythmes biologiques, certains mécanismes se rapprochent de l'hibernation. Il ne souhaite pas rentrer, la brûlure du soleil et du vent lui manquerait trop, tout comme le bleu mat du ciel et ses clous d'or. Il se félicite pour la minutieuse préparation de cette expédition, il dit compter sur les doigts d'une main les détails qui auraient pu être mieux conçus. « L'aventure ne me permet un réel dépassement physique et mental que si les lacets sont neufs, le piolet bien affûté et le repas du soir, calculé au plus juste, rangé en ordre au fond du sac. La poésie et le rêve ne naissent pas des incidents de parcours. Ceux-ci viennent au contraire rompre le charme, l'harmonie rythmée de la communion profonde qui s'établit avec la nature, perturber le chant intérieur né de cette communion. »

Le 27 août, après un mois de séjour, il ébauche un premier bilan et remarque que tout résiste : le matériel comme la carcasse malgré le froid aux pieds qu'il attribue à l'augmentation importante du nombre de globules rouges. « Je n'ai vu âme qui vive depuis un mois et j'ai par moments l'impression d'être installé ici de toute éternité tant le rituel de la plupart de mes activités est devenu évident ; faire fondre de la neige pour boire, uriner dans un bocal gradué, déblayer la neige devant la porte de la tente... Vivre seul dans la neige à 6 700 mètres : on s'y habitue très bien ! » Il établit un autre bilan satisfaisant le 30 août, après cinq semaines. « J'étais parti pour analyser les détériorations que produirait l'altitude sur mon corps, eh bien je ne suis pas détérioré du tout ! » s'amuse-t-il. Les observations médicales, poursuivies régulièrement pendant toute la durée du séjour n'ont montré aucun signe de dégradation physique et un amaigrissement presque nul. Après avoir perdu 2 kilos les quinze premiers jours, il les a regagnés et n'a plus maigri d'un gramme. Il a dormi sans difficulté une dizaine d'heures par nuit, sans prendre aucun somnifère, l'appétit est resté suffisant et les tests psychométriques n'ont laissé entrevoir aucun affaiblissement des facultés mentales. Il a également pu fournir sans difficulté, à l'occasion, des efforts importants, en particulier pour déblayer la neige accumulée sur les tentes par le vent.

Cette résistance contredit selon lui toutes les observations faites antérieurement sur les alpinistes ayant séjourné au-dessus de 6 000 mètres. Sans doute, les résultats exacts de son protocole d'observation demanderont une analyse plus fine au retour, qu'il envisage de mener, puisqu'il soutiendra sa thèse sur le sujet le 29 février, mais il faut bien constater que le dépérissement prévu par la théorie ne s'est aucunement produit. « Est-il possible de considérer les résultats obtenus par l'observation d'un seul sujet – moi-même – comme représentatifs et valables pour d'autres ? Oui et non. Oui, car mes caractéristiques physiques ne sont nullement particulières ou exceptionnelles : celles d'un jeune adulte sportif sans plus. Non, car je bénéficiais, avant cette opération survie, d'une assez solide expérience de la haute altitude. » Son rythme cardiaque au repos, sa capacité pulmonaire, sa consommation maximale d'oxygène sont selon lui convenables mais nullement remarquables. Sa conclusion est que les possibilités d'adaptation de l'organisme humain sont encore sous-estimées.

La discordance avec les données classiques peut, selon lui, s'expliquer par trois facteurs indépendants et complémentaires. Il y a d'abord le soin particulier avec lequel il a préparé et surveillé son alimentation. Les relevés montrent une moyenne un peu inférieure à 3 000 calories par jour, la ration étant bien équilibrée et abondamment pourvue en sels minéraux et vitamines. Il a également bu 2,5 litres par jour, une quantité suffisante en l'absence d'efforts importants. Ensuite, la bonne durée des séjours en haute altitude qu'il a accomplis durant trois années consécutives a pu conduire à une sorte de superacclimatation augmentant la tolérance de l'organisme à la privation d'oxygène. Enfin, il a bénéficié d'une préparation psychologique solide et d'une très forte motivation pour supporter les difficultés même si leur effet exact est difficile à apprécier.

Début septembre, le vent forcit encore et use sa résistance. « Il est devenu pour moi le signe même de l'altitude à laquelle je vis. » Jaeger réduit les sorties au minimum. Le 4, il est l'objet d'une hallucination olfactive : « Une puissante odeur de café me remplit les narines. » Il sort la tête de sa tente, le Huascaran se révèle entre noirceur et blancheur de mélancolie. La lune éclaire comme un soleil de la nuit et projette son ombre dans la neige. Curieuse impression d'un dédoublement qui dit les parts mêlées qui habitent tout être. Le 9, il sort et décide de marcher un peu plus haut. À mesure qu'il avance, son double semble lui dire : connais-tu ta part d'ombre ? La solitude lui apparaît sous un nouveau jour : « Sensation complexe, difficile à décrire, qui n'est pas de vide, d'absence angoissante, mais contraire d'existence, de vie bouillonnante, comme si la solitude permettait de mieux se sentir soi-même avec une intensité et une profondeur presque pénibles. »

La sérénité contemplative culmine désormais dans la possibilité de disparaître dans la vision de ces hautes montagnes, dont la beauté est peut-être faite de ce pouvoir qu'elles ont de nous anéantir. Jaeger a-t-il oublié que l'autre monde n'est pas qu'un champ de réflexion, d'investigation intellectuelle mais un aimant puissant et dangereux qui depuis des années a le pouvoir de l'attirer ?

Jeudi 20 septembre. Encore beaucoup de vent et de neige dans la nuit. La lune l'espionne par l'ouverture de la fermeture éclair. « Les tentes sont complètement ensevelies et à l'intérieur règne une pénombre de cave malgré la luminosité extérieure. Impossible de dégager la neige pour le moment, tant que le vent ne se calme pas un peu. Les armatures des tentes sont légèrement courbées, l'ensemble des "boîtes" un peu gauchies, mais pour le moment tout semble tenir le coup. Hier la nouvelle lune, demain l'équinoxe : la conjonction des deux événements ne manque pas de produire des effets marquants. Jamais je ne me serais attendu à des chutes de neige aussi importantes. Je comprends mieux maintenant l'aspect des grands sommets de la cordillère Blanche et les qualités des neiges que l'on rencontre au cours des ascensions. Dix mois sur douze, la neige tombe en abondance au-dessus de 5 500 mètres : voilà qui contribue à expliquer les extraordinaires formations comparables à de la crème Chantilly, qui constituent à la fois une grosse difficulté pour les grimpeurs et un ornement unique et fascinant. » Après des hésitations, la décision est prise : il descendra jeudi prochain, le 27 septembre, au terme exact de deux mois de séjour. Sur le plan médical, intact après huit semaines, il ne voit pas la nécessité de prolonger l'expérience. « Il est clair que je pourrais tenir ici encore longtemps », mais les jours commencent à se ressembler et il ne souhaite pas que cette expérience enrichissante tourne à la corvée. A-t-il pensé que la montagne allait l'accueillir, créature de chair ?

Les dernières intempéries l'inquiètent, il craint que l'abondance des chutes de neige ait considérablement modifié le terrain pour le retour, avec des crevasses mal bouchées et rendues invisibles. Limiter son séjour à deux mois reste judicieux : il garde une bonne marge de sécurité pour la descente. Sans aucune liaison avec la vallée et ne pouvant compter que sur lui-même, il ne peut jouer avec les limites au risque de rester bloqué où il est.

Le 24 septembre, il souffre d'un curieux mal de crâne, « aggravé par la toux et accompagné par moments de mouches volantes ». Il éprouve une sensation d'agitation, comme au sortir d'une nacelle de roue foraine qui vous secoue dans tous les sens et vous projette vers les étoiles. Quelques confusions le surprennent. Il compte sur le repos pour faire cesser ces manifestations importunes. Il considère ces troubles comme « les conséquences de la durée de l'expérience ». Plus qu'un vague à l'âme, c'est une sorte de trou, la taille d'une crevasse. Le soir même, il confie : « Je me suis souvenu la nuit dernière qu'il existait sur Terre des êtres différents qui… avec lesquels… Enfin, bref… » La matière même de l'altitude semble avoir traversé son être, s'être répandue jusqu'à sa nuque, entre les racines de ses cheveux, elle a gagné ses synapses, elle semble se frayer un chemin partout.

Là-dessus, il est pris de « je ne sais quel sentiment obscur ». Le brasier, qui n'a cessé de crépiter dans son corps, fait place à quelque chose de doux-amer, une espèce de désorientation légère, qui est comme une forme de mélancolie, le signe ou l'annonce d'un départ à prévoir.

Il s'en va à l'aube du 25 septembre, deux jours plus tôt que prévu, avec 50 kilos de matériel dont il abandonne le superflu dès la première crevasse. Les skis disqualifiés par le poids à porter, il ne reste plus qu'une solution : continuer à pied. Chaque pas exige un effort pénible pour dégager la jambe enfoncée jusqu'à mi-cuisse dans la neige profonde. La descente est exténuante, il trébuche, il évolue sans témoin. Sa peau a viré, elle ne ressemble presque plus à une peau humaine mais à celle d'un animal d'une espèce inconnue qui vivrait en altitude. Elle est devenue une surface sensible, il réalise combien l'altitude a déteint sur lui, comme il en a fait partie. Ce qu'il a tatoué sur la peau, c'est la matière même de l'altitude. Il perd progressivement de la hauteur, il semble traverser des couches de stratosphère, comme s'il redescendait de l'espace. « L'air me semble épais, visqueux – nous sommes pourtant à 3 000 mètres. Je respire mal. Du thé, encore du thé. »

Le 26 septembre, il est dans la vallée, sain et sauf. Son visage a bruni, les reliefs lissés dans une sorte de masque tendu à craquer, les doigts crevassés. Il renifle sa peau, comme une bête inquiète, qui cherche, s'attend à une odeur nouvelle, comme s'il voulait crever la fine pellicule du corps, comme si elle creusait jusqu'à l'os, atteignant les nerfs, des fils électriques dénudés, un court-circuit de la conscience. De sa chambre d'hôtel, il aperçoit le sommet du Huascaran. Il passe un coup de fil, le premier depuis soixante jours : « Allô ! C'est le Yéti des Andes ! L'homme montagne ! » Ses trois femmes sont aux anges. Son expérience lui paraît irréelle. Comme il est déjà loin de ce qu'il fut. À ne pas y croire. « En montagne comme ailleurs, on trouve avant tout ce qu'on y apporte. Le plomb ne se transforme pas en or, mais peut-être le meilleur de soi-même sera-t-il enrichi, exalté, mieux trempé ? » Il semble avoir éludé les derniers troubles qui l'ont contraint à descendre subitement. Son souvenir de lui là-haut, abandonné dans les vents, étourdi par un air nouveau, a magnifié tous ses regards. Le 20 octobre à Paris, il fête, heureux, son trente-troisième anniversaire en compagnie de sa femme et de ses deux filles. Un sourire éclaire son visage et l'appartement tout entier, un sourire qui imprègne tout ce qu'il touche d'une irrépressible promesse à venir, un sourire immense qui ouvre son visage et anime ses mains. Il est présent et retrouve le contraste stimulant entre les climats, les manières de vivre. Il ne protège pas son feu intérieur et ses joies personnelles, il ne se tient pas en retrait. Au contraire, à son retour, il sème sur ses pas tout l'or recueilli là-haut. Il est heureux mais il regarde déjà dehors : ces deux mois lui ont permis d'élaborer un programme magistral pour la saison à venir.

3

« Une paroi pour l'an 2000 »

Voit-il, à travers les fenêtres parisiennes, les dômes, les cheminées, les gris dans le ciel et sur les toits ? Son regard semble traverser les nuances d'anthracite. On a beau tenter d'y plonger, on ne distingue rien. Les yeux de Jaeger, à son retour des Andes, au lieu de donner sur quelque chose comme le cratère d'un volcan qui révèle les entrailles, sont comme deux couvercles de métal opaques, renvoyant leur propre image à ceux qui se postent devant. L'entourage ose quelques hypothèses sur ce qui semble le traverser ; sa manière d'être ne passe pas ces jours-ci par la parole, mais par sa façon de tenir son corps, par ce regard posé ailleurs – attrait inconscient pour ce qui relève du mystère. Pour deviner son être, il faudrait s'attarder sur le mot *passion*, mot tacite à chacun de ses instants, sur ce qu'il suppose d'obstination souterraine, de travail implacable et sans fin. Une passion dévore, une passion aliène. Il regarde par la fenêtre et déjà il est aimanté par un ailleurs glacé. C'est le feu de son tempérament qui génère ses pensées, la course contre le vertige qui actionne ses pas. L'exaltation le pousse en avant, et c'est ainsi qu'il va vivre, dans une fièvre chronique, qui traverse tous ses gestes. Il émane alors de lui une puissance qui entraîne dans son sillage ceux qui s'y laissent prendre.

Il se peut que Liliane aime son mari parce qu'il a ce culot fou et cette indestructible confiance en lui. Elle connaît les contours de ces lieux où elle ne peut le suivre, elle est attirée autant qu'impressionnée. Elle l'a rencontré à l'âge de 17 ans, Nicolas en avait 15. Ensemble ils chaussent les skis à la tombée du jour, montent à peaux de phoque les pentes de Val d'Isère, passent des nuits sous les étoiles. Elle a toujours su qu'elle lierait sa vie à celle d'un homme libre de s'échapper en montagne. Elle sait que la prise de risque fait partie de sa nature. Et puis, s'il arrêtait de partir, est-ce qu'elle l'aimerait autant ? Serait-il l'homme qu'elle admire ? Elle lui ôterait les étincelles des yeux, elle lui volerait sa vie. Plus qu'une passion, la montagne est vitale pour Nicolas. Elle a conscience que le risque n'apporte aucun gain matériel, mais il offre l'exaltation et la densité. C'est la démonstration que l'homme n'est pas entièrement lié à la recherche de sa nourriture, d'argent, de ses besoins primaires en somme, ni aux loyautés familiales et sociales ; qu'il y a des états d'esprit et de pensée puissants qui élèvent l'existence. Liliane a aussi pour habitude de dire qu'il n'est pas aisé de vivre avec un homme aussi brillant : c'est une façon de dire son admiration et sa réserve, et aussi une façon d'exprimer à quel point les deux sont indistinctement mêlées. Les êtres d'exception sont complexes. Le perfectionnisme et un niveau élevé d'énergie font une pensée originale mais, plus accusés, peuvent jouer à la frontière de la folie. Deux constantes semblent généralement émerger chez Jaeger, que l'on retrouve souvent chez les créateurs : l'indépendance et le retrait du monde, mais aussi la marginalité, l'insoumission, la rupture avec les contemporains. Les pionniers sont rarement des êtres conformistes et bien-pensants. Jaeger veut élargir les limites, redéfinir l'alpinisme. « Une solide motivation, une bonne organisation pratique et la répétition de séjours en haute altitude permettront dans l'avenir de reculer encore des limites qui semblaient récemment infranchissables », écrit-il dans ses documents de thèse. Dans l'appartement, il réfléchit, il dessine des croquis et organise les itinéraires possibles. Il reconstitue en un clin d'œil tous les sommets et arêtes du lieu convoité. Les cartes, c'est son domaine, il les habite, les connaît par cœur. Elles voisinent avec ses papiers, ses lettres, son briquet, ses dossiers. L'obsession de sa pensée est un océan qui submerge l'espace vital. Il s'impose une ascèse quasi monacale qui l'isole. La solitude est une nécessité du monde intérieur. L'inspiration n'est que la conséquence de l'exercice quotidien. « En montagne, comme dans beaucoup d'autres branches de l'activité humaine, le succès est avant tout affaire de volonté et d'obstination, les virtuoses ne vont le plus souvent pas loin. » Son plan se prépare, il travaille, élabore des ascensions possibles.

Durant l'expédition à l'Everest, il a lorgné le Lhotse. Avec ses 8 516 mètres, c'est le quatrième sommet du monde, une belle muraille qui défend l'Everest, trois kilomètres au sud. En 1980, il n'a encore été gravi qu'à quatre reprises, et toujours par le même itinéraire sur le versant nord-ouest, commun jusque vers 7 500 mètres avec la voie classique de l'Everest : glacier du Khumbu, Icefall, combe Ouest. Les Suisses ont réussi la première en 1956, plaçant deux alpinistes au sommet pour se consoler de leur échec à l'Everest quatre ans plus tôt. Puis, après deux décennies d'éclipse, le sommet a été atteint coup sur coup par des expéditions allemandes en 1977 et 1979 (quatorze summiters dont un Sherpa) et toujours en 1979 par une expédition polonaise (huit alpinistes au sommet). Au total, vingt-quatre hommes ont atteint la cime du Lhotse par un seul itinéraire.

C'est une montagne d'avalanches et de crevasses, de roches et de glaces. À l'automne 1978, Jaeger a pris des photos de qualité, usant des techniques apprises avec sa mère. Au moment d'appuyer sur le déclencheur, il a su filtrer la lumière, et créer l'empreinte la plus fidèle possible à ce qui l'éblouissait. À Paris, il les dispose côte à côte sur son bureau. La surface de la plupart est d'un gris velouté, ombrée, semée de crêtes abruptes comme des crépitements charbonneux. Plus il les observe, plus les images prennent du contraste, de l'intensité et il comprend l'importance du regard qui les révèle, soumis aux aléas de l'attention. Les photographies ne se génèrent jamais seules, ne surgissent jamais telles quelles. Certaines sont beaucoup trop pâles, d'autres surexposées, mais sur chacune on devine la matière de la glace, les stries des crevasses qui usent le blanc, le découpent en blocs compacts. Ce qui l'intéresse sur le Lhotse, c'est sa face sud, une paroi unique dans l'Himalaya, haute de 3 200 mètres, une combinaison exceptionnelle entre dénivellation, très haute altitude, raideur et continuité des grandes difficultés. La moitié inférieure, de 5 300 à 7 000 mètres, est une immense pente de neige et de glace coupée de ressauts verticaux, très exposée aux avalanches ; la partie supérieure, de 7 000 à 8 500 mètres, est structurée par plusieurs énormes éperons rocheux barrés de larges murs surplombants, avec une pente moyenne de 57 degrés de la base au sommet. Trois expéditions ont tenté en vain jusqu'à présent l'ascension, par des voies détournées, très à gauche de l'aplomb du sommet, en direction de l'arête qui conduit au Nuptse. Les Japonais sont venus deux fois, en 1973 et 1976. En 1975, les Italiens conduits par Riccardo Cassin ont été repoussés par le mauvais temps. Reinhold Messner en était, il est revenu avec un oracle créateur de désir : la face sud du Lhotse est « une paroi pour l'an 2000 ». Plus à droite, le Lhotse Shar a été gravi une fois par son versant sud.

L'ascension directe de la face sud du Lhoste est l'un des derniers grands problèmes de l'Himalaya. En 1980, tous ces « grands problèmes » ont été réglés par de puissantes expéditions, nombreuses, lourdement équipées et assistées de Sherpas. Nicolas Jaeger a décidé de s'y mesurer à sa façon. « De toute évidence, l'avenir des ascensions solitaires est en haute altitude dans les massifs lointains, écrivait-il dans sa tente au sommet du Huascaran. Les Alpes ont presque fini d'offrir un champ d'action valable, à l'exception de quelques grandes solitaires hivernales. À quand l'ascension du premier "plus de 8 000" en solitaire intégrale depuis le camp de base ? »

Dès qu'il esquisse son projet, il demande à son ami Jean-François Mazeaud de l'accompagner. Mais Jean-François, neveu de Pierre Mazeaud qui fut le médecin d'Everest 78, est appelé à l'armée. « Alors j'irai seul », lui répond Nicolas. Il pense un temps à Georges Bettembourg, un guide de Chamonix qui a réalisé quelques ascensions audacieuses et légères dans l'Himalaya pendant la deuxième moitié des années 1970, y compris une ascension à deux du Broad Peak avec Yannick Seigneur en 1978, une des premières ascensions de style purement alpin sur un 8 000. Bettembourg a également accompagné les Britanniques Doug Scott, Pete Boardman et Joe Tasker au Kangchenjunga en 1979. Ils ont réalisé un nouvel itinéraire brillant en style alpin, bien que Bettembourg n'ait pas participé à l'ascension finale du sommet. La même année, il a réalisé la première ascension de l'arête nord du Nuptse avec Scott et deux autres Britanniques, Brian Hall et Alan Rouse, toujours en style alpin. Ces ascensions ont fait de lui l'un des principaux grimpeurs himalayens français et un candidat solide pour la face sud du Lhotse. Son nom apparaît dans tous les documents de communication, mais Jaeger décide finalement, peu de temps avant le départ, de tenter cette ascension seul, comme il l'avait annoncé à Jean-François Mazeaud.

Il choisit de s'entourer de deux personnes pour se préparer : Nicolas Bérardini et Brigitte Steinmann. Bérardini est le fils du célèbre grimpeur Lucien Bérardini qui, comme Jaeger, a appris à grimper sur les rochers de Fontainebleau où il faisait partie des pionniers de l'après-guerre. En 1954, Lucien Bérardini a fait une importante première de la face sud de l'Aconcagua, mais il a souffert de graves gelures aux mains et aux pieds. Jaeger l'admire. En 1980, son fils Nicolas a 19 ans et travaille au Vieux Campeur à Paris. Jaeger le rencontre dans le magasin et lui demande quel est son niveau. Bérardini répond fièrement « TD+ ». Alors Jaeger lui demande, avec un vrai sourire, un de ceux qui marquent longtemps, s'il veut l'accompagner en Himalaya. Bérardini accepte sur-le-champ. Le dernier membre de l'équipe est Brigitte Steinmann, une anthropologue qui s'intéresse de près à la culture népalaise. Elle a une certaine expérience en alpinisme sans avoir le niveau de Bérardini. Tous deux seront présents pour les entraînements durant la période d'acclimatation. L'équipe sera constituée de moins de dix personnes au total, y compris les porteurs et l'agent de liaison.

Jaeger a prévu de gravir la face sud du Lhotse en solitaire et de descendre sur l'autre versant, par la voie de la première ascension. S'il réussit, il pourra revendiquer la première ascension directe de la face sud, la première traversée de ce sommet, la première en technique alpine. Au-delà, il marquerait à jamais l'histoire de l'alpinisme himalayen, où les ascensions solitaires sont encore rarissimes, a fortiori sur des objectifs aussi ambitieux. Mais Jaeger voit encore plus loin. Il veut, ensuite, tenter l'ascension solitaire de l'Everest par la très belle voie ouverte au printemps 1979 par une équipe d'alpinistes yougoslaves sur l'arête nord-ouest. Au Lhotse comme à l'Everest, aucune équipe de soutien, pas de porteur d'altitude, aucun équipement fixe (un itinéraire jalonné de cordes fixes permet de descendre en cas de problème ou de mauvais temps et offre donc une sécurité incomparable), aucune installation de camps supérieurs avec retour au camp de base, et pas d'oxygène bien sûr. L'alpiniste portera sur son dos le minimum nécessaire à sa survie. L'ascension sera réalisée d'une traite depuis le camp de base jusqu'au sommet. Autonomie prévue pour la montée et la descente : huit jours environ. Il faut aller vite pour éviter les dangers objectifs liés à un long séjour sur la montagne. Chaque heure passée en haute altitude grignote ses chances de rester en forme et lucide jusqu'au sommet.

Cinq ans plus tôt, au moment même où il échouait au Lhotse avec la troupe nombreuse de Cassin, Reinhold Messner a amorcé une révolution dans l'alpinisme de haute altitude. Avec Peter Habeler, il a gravi le Gasherbrum I (8 035 mètres) en cordée alpine, c'est-à-dire sans camps ni porteurs d'altitude, sans cordes fixes : une aventure himalayenne comme il s'en vit dans les Alpes, qu'on désigne désormais sous l'appellation de « style alpin ». Trois ans plus tard, les deux compagnons ont franchi une nouvelle étape en se hissant sur le toit du monde sans oxygène.

Pour Jaeger, le temps est venu de combiner style alpin, très haute altitude et grandes difficultés. Il inspire le respect par la rectitude de sa démarche, par son approche de la montagne. Tout en reconnaissant le mérite des pionniers, il souhaite faire évoluer l'alpinisme moderne vers une plus grande exigence. Il est un précurseur audacieux d'une nouvelle époque, d'un autre style. Plus que la cime, c'est l'aventure qui y conduit qui est importante. Il choisit finalement le solo parce que cela lui est naturel ; son idée étant de transposer à l'échelle himalayenne ce qu'il a réalisé ailleurs. Il souhaite s'enrichir d'une nouvelle plongée dans son monde intérieur, d'un nouvel engagement, en ne comptant que sur lui-même. Le solo reste un acte à part, un geste très personnel, une improvisation travaillée. C'est la sensation la plus forte, la plus affinée. Cela nécessite une concentration extrême, sachant que le moindre faux pas serait fatal. L'équilibre est difficile, mais il aime cette sensation d'être minuscule dans un espace naturel sublime, loin de notre monde protégé. Quiconque s'engage en des entreprises importantes se sait soumis à une réalité qui le dépasse. Seuls les esprits futiles, seuls les irresponsables croient agir librement, insiste Jaeger. On ne peut garantir sa propre sécurité que jusqu'à un certain point ; le reste est aux mains de la nature. La vie des alpinistes est remplie de ce qu'ils appellent les « dangers objectifs ». Un sérac qui tombe sans avertissement, une avalanche qui déferle, anéantissant tout sur son passage, une tempête qui se déchaîne et les piège dans la « zone de mort » au-dessus de 8 000 mètres, un pont de neige qui s'effondre sur une crevasse, une seule pierre qui dégringole d'une paroi et anéantit une vie. Chacun de ces éléments a tué plusieurs amis ou connaissances de Jaeger. L'aléatoire est au cœur de l'alpinisme, mais bien rares sont ceux qui envisagent leur ascension comme la dernière. Jaeger sait que tous les sommets du monde, aussi beaux soient-ils, ne valent pas qu'on y mette sa vie en jeu. Il croit en l'énergie du rocher, l'instinct de la haute montagne, celui qui vous épargne la vie. Réussir une première ascension sur cette face, grimper seul, en style alpin, et de manière très rapide semble présager d'une nouvelle ère en très haute altitude. Aller vite ne veut pas dire ajouter du risque au risque. Au contraire. C'est synonyme d'extrême maîtrise. C'est la seule manière de réussir.

La haute altitude dégage quelque chose de très fort, l'espace semble appartenir davantage au cosmos qu'à la Terre. Au-dessus de 8 000 mètres, le cerveau a besoin de temps pour interpréter les signaux qu'il reçoit. Tous les grands himalayistes ont connu ces moments étranges où les idées se brouillent et les sensations se bousculent. Le sentiment d'urgence disparaît. Chaque pensée, chaque mot prononcé, chaque décision est fatigue. On n'a plus peur, on veut seulement avoir la paix définitivement. Mourir à cette altitude doit être facile : l'esprit s'éteint avec le corps, simplement. Arrivé à un certain degré d'épuisement, il est plus facile de s'allonger, de s'endormir et de mourir que de s'accrocher à la vie. Dans cet espace, rester dix minutes de trop coûte une vie.

L'ambition de Jaeger est de dépouiller la très haute altitude de son auréole mystérieuse et tragique. Avec l'aide d'une meilleure préparation matérielle, physique et morale, il réussira là où tant d'autres sont morts.

Pour concrétiser cette aventure, il a cherché des sponsors, même s'il ne veut pas « vendre de la montagne comme on vend de la lessive ». Il reste sensible à la protection de l'environnement et à la nécessité d'une démarche personnelle vers la montagne. Vigilance et réflexion sont indispensables selon lui pour que le professionnalisme ménage une certaine pureté, préserve l'éthique. Avec un minimum de conscience et d'honnêteté, la communication de l'aventure peut devenir féconde. Les soutiens financiers sont la rançon inévitable de la liberté, mais la nécessité de communiquer approfondit la réflexion. Raconter, c'est faire un effort de lucidité, de clairvoyance. « Je verrais plutôt une sorte de complémentarité indispensable, d'équilibre, entre deux nécessités aussi vitales l'une que l'autre : communier avec ses semblables et affirmer sa singularité, écrit-il dans *Carnets de solitude*. Peut-être est-ce le but que je recherche plus ou moins consciemment en poursuivant d'une part des activités "sociales" – conférences, livres, exercice de la médecine –, et de l'autre, ma route d'alpiniste solitaire. La dualité "solitude-communauté" m'est aussi nécessaire que celle "action-réflexion" : il faut bien parler ici d'un mouvement dialectique, même si l'expression semble quelque peu solennelle. » Il a préparé de beaux supports de communication, cartonnés, bleu marine, intitulés *Expédition Nicolas Jaeger – Lhotse 1980*. Il ne fera pas de grandes annonces publiques sur ses plans avant de quitter la France – il préfère montrer ce qui peut être fait plutôt que de s'en vanter avant d'essayer. S'il réussit, il aura certainement l'attention du monde de l'alpinisme. Gravir une paroi difficile sur un grand 8 000 en solitaire, ce serait un bond en avant dans l'histoire de l'alpinisme himalayen. Un tel exploit reste quasiment inédit depuis un demi-siècle.

L'inconnu, espace malléable par l'esprit, enflamme son imagination. Il trace sur son carnet et dans son abondant courrier le chemin à suivre comme on force le destin, en attendant de retrouver la liberté de déployer ses ailes. Toute prouesse l'attire en tant qu'étape vers un savoir viscéral et musculaire. Cette préparation devient voie d'accès vers une connaissance perçue par éclairs, même s'il sait que l'aventure commence où finit le mode d'emploi. Comme la beauté.

Il lui reste quelques jours pour passer du temps avec sa famille, avant de ressentir cette déchirure au cœur, ce ventre scié en deux. Le cœur cassé par une lame. Il éprouve l'oscillation entre ici et là-bas, le regret de ne pouvoir occuper une place fixe, de ne s'appartenir qu'une fraction de temps avant de se perdre à nouveau. La montagne, pour Jaeger, reste une question de volonté, de liberté à prendre, à assumer. Conjuguer ces élans et ces au revoir devient déchirant. Ce n'est plus le grand écart, c'est un écartèlement. Imagine-t-on chose pareille – un père de famille, un homme de 33 ans, parti si loin, si haut ? Comment être sûr que les risques sont raisonnables ? Pour Hélène, il reviendra vite. L'absence est à chaque fois si forte, si asphyxiante ; et si puissant le désir de sa présence, de le faire réapparaître, qu'il ne peut y avoir d'alternative.

Nicolas est une âme en partance, déjà vêtue du souvenir afin de ne pas partir trop seul. S'en aller roi du monde rejoindre le magma brûlant de la montagne. À chaque départ, il peine à saisir ce qui bataille en lui, la perception si fine de son amour pour les siens et l'arrachement brutal, ces adieux qu'il faut renouveler encore, l'idée qui s'installe de la fragilité de l'autre, comme de la sienne. Hélène échange les derniers mots avec son père, les départs sont insoutenables. La rancœur marque son visage, le manque s'installe sans temps mort, étouffant toutes les autres émotions. Elle pense qu'il est mieux qu'il parte au Népal, car elle ne veut pas lui arracher une part importante de lui-même, et à la fois elle le voudrait à ses côtés, comme tous les pères du monde. Les mains dans les poches, détournant la tête pour ne pas voir le visage impassible de Nicolas, Hélène regarde ailleurs, vers ces vitres donnant sur le boulevard, d'où jaillit le dehors, le ciel : pour ne pas éprouver seule le poids de tant d'amour. Liliane, elle, reste innervée par la crainte et enveloppée par la fierté. Elle envie ce vertige qui attend son compagnon, le ventre qui cogne, le sang pulsé. Elle l'admire mais ne le pense pas surhomme et à chaque fois qu'il part, elle sait qu'il y a une chance sur deux pour qu'il revienne. C'est son destin, sa vocation, son idéal, il est en mouvement, tendu vers son point de mire. Nicolas sait que sans elle il ne pourrait s'accomplir. Sans elle, il n'irait pas aussi haut. Elle est un soutien immense, qui veille sur les filles, tient le foyer, apporte l'aide financière et organisationnelle. Elle est sa force, son héroïne. Malgré les sentiments contrastés liés au départ, cette légère impression d'abandon, il est en elle, elle est en lui, distincts et soudés, bouturés, et ce qu'ils forment est un couple, solide. Le regard posé sur l'autre, la confiance immuable malgré les difficultés de l'éloignement disent l'attachement et la considération mutuelle.

Nicolas lui glisse : « Avec cette expédition, je serai considéré soit comme un héros, soit comme un cinglé. » Est-ce que cela fait une différence ? Est-ce que cela devrait faire une différence ? Doit-il espérer ou avoir peur ? Il ne sait plus, il est déjà parti.

4

Le léopard des neiges

Le 2 mars 1980, à l'escale de New Dehli, Jaeger rencontre le réalisateur Bill Rosser, qui part tourner un film sur le léopard des neiges, animal insaisissable, mystérieux, qui n'a alors été filmé que dans une brève séquence au Pakistan par le célèbre naturaliste George Schaller. Sur le tarmac, Rosser s'efforce de faire embarquer une trentaine de caisses de matériel dans un avion sur le point de décoller pour Katmandou. Il est en pleine discussion avec les douaniers indiens qui refusent de charger son matériel d'expédition, et préfèrent l'envoyer à l'entrepôt pour inspection alors qu'il est simplement en transit depuis New York. Rosser sait que si cela se produit, il ne reverra peut-être plus son matériel. Il regarde autour de lui, frustré, et remarque un homme aux cheveux bruns se disputant furieusement avec un douanier pour faire charger plusieurs caisses également. C'est Jaeger. Rosser continue de parlementer et finit par glisser 500 dollars dans la main du douanier indien pour résoudre la question. Il regarde de nouveau autour de lui, l'homme et son équipement ont disparu. Après avoir vérifié que son matériel est bien à bord, Rosser grimpe dans l'avion. Il reprend ses esprits, essuie la sueur de son visage, et cherche une place. Il n'y a qu'un seul siège de libre, il se situe à côté de l'homme qu'il a remarqué dehors, et celui-ci lui sourit droit dans les yeux. Son regard de fauve pénètre sa chair.

Comment oublier pareille rencontre ? L'homme de marbre trouve Rosser sympathique, alors il s'anime et devient enthousiaste. Son rire est franc. Tous deux s'amusent de la folie de la situation. Ils ont dû payer chacun des pots-de-vin scandaleux (Jaeger a 1 200 kilos de bagages), mais ils sont excités à l'idée d'être enfin en route pour le Népal. Ils se racontent leurs projets. Rosser décrit son expédition, il a 26 ans, il va réaliser son premier film avec ses propres fonds après avoir travaillé pendant deux ans à la production d'une émission télévisée à New York. Il espère être le premier à filmer le léopard des neiges. Nicolas sort son dossier de presse. Lui aussi tente une première. Une ascension en solitaire de la face sud du Lhotse. Rosser est admiratif. Il sait que même Messner la considère impossible... Il semble sûr de lui, profond et tranquille mais sans prétention. Jaeger, le dos bien droit sur son siège, a fière allure, il ne se relâche jamais. C'est un homme digne comme seuls le sont, peut-être, les vrais immodérés. Il a tout prévu, tout préparé, choisi avec soin les membres de son expédition – des personnes solides, motivées par l'aventure sans être avides de gloire, des êtres sensés qui sauront prendre de la hauteur sans jamais lui marcher sur les pieds.

La ceinture est maintenant bien attachée. Ce voyage vers l'Himalaya n'est pas un voyage de plus, comme s'il avait été secrètement préparé par tous les autres, peut-être secrètement provoqué par eux. L'impulsion de l'avion qui s'élève les presse légèrement contre leur siège. L'horizon bascule à l'oblique dans le hublot. Ce n'est plus l'engin qui monte, mais le monde qui s'enfonce dans un abîme de grisaille. La couche de nuages se referme, toute cotonneuse. Le sol, la terre ont disparu. Puis, dans les rares ouvertures du ciel, des pics immenses apparaissent, majestueux, recouverts de blanc nacré. Jaeger pare ces reliefs de souvenirs de précédentes expéditions et entame une conversation sur ces paysages éclatants avec son voisin Rosser.

Ils discutent sans relâche durant tout le vol, leur amitié est immédiate. Ils conviennent de se retrouver à Katmandou.

Ils atterrissent enfin au Népal, le haut pays – plus d'un quart de sa surface est au-dessus de 3 000 mètres d'altitude, et huit des quatorze 8 000 s'y trouvent : dans l'ordre décroissant d'altitude, Everest, Kangchenjunga, Lhotse, Makalu, Cho Oyu, Dhaulagiri, Manaslu et Annapurna. Jaeger et ses compagnons s'étonnent de la coexistence paisible d'hindous, de bouddhistes et de musulmans dans la solitude des hautes montagnes. Ils traversent Katmandou pour rejoindre leur hôtel, aspirés par le remous de la ville. La cité déborde de tous côtés. Autour des ruelles de Thamel, plus de douze mille personnes au kilomètre carré ; c'est plus que dans le quartier des gratte-ciel à Manhattan. Du lever du jour au coucher du soleil, la capitale du Népal bouillonne. Bus et taxis, voitures et mobylettes soufflent des nuages de gaz à travers des tuyaux d'échappement rouillés, formant une cloche nébuleuse qui pèse sur la ville. Les gens vont et viennent. Les enfants chahutent, les vieux fument assis au bord de la rue. Les rickshaws se faufilent en carillonnant dans un dédale de rues. Katmandou est en fièvre depuis toujours. Il paraît que les dieux et les âmes peuplent l'atmosphère, parce que les dieux eux-mêmes adorent la franche gaieté. Les divinités sont partout ; des yeux qui voient tout sont peints en tous lieux. Les serpents d'or qui ornent les toits des temples dardent des langues serties de joyaux. On croit tout ce qu'on veut croire, et la magie n'est pas loin.

Nicolas envoie sa première lettre à Liliane :

Lundi 10 mars, Katmandou

J'ai pu sortir des douanes immédiatement à Katmandou (immédiatement *signifie après trois bonnes heures de palabres !*) *toutes nos affaires et cantines personnelles. Il reste 30 cantines à l'aéroport, formalités en cours que j'espère terminer demain. Pas de problèmes pour l'autorisation Lhotse et pour un petit sommet d'entraînement l'Island Peak, mais rien de plus. Nous verrons bien. Mes projets solitaires au Lhotse suscitent l'étonnement et une certaine incrédulité, ce qui ne me surprend guère. J'ai repris les contacts de 78 au ministère du Tourisme et à l'ambassade. Nous avons déjà fait les achats complémentaires, alimentation surtout. Sauf imprévu toujours possible, nous devrions prendre l'avion pour Lukla jeudi ou vendredi au plus tard et arriver au camp de base le jeudi ou le vendredi suivant, soit comme prévu le 21 mars. Le temps n'est pas aussi bon qu'il devrait être pour le moment mais les choses ont quelques semaines pour s'arranger… J'ai déjà commencé à préparer un peu l'opération 1981 (survie à 7 000 m) et je pense avoir trouvé un emplacement adéquat (altitude 7 180 m, accès facile, belle vue…). J'attends un retour à Katmandou en mai pour commencer les démarches officielles. L'agence de trekking semble efficace jusqu'à preuve du contraire. Notre sirdar est le frère du patron, nous aurons un cook et un mail runner. L'officier de liaison est désigné et nous devrions le voir demain.*

Rien de bien extraordinaire donc à signaler pour le moment. Brigitte et Nicolas sont sans problème particulier. Nicolas est un peu secoué par son extraction dentaire de jeudi dernier. Bien entendu, ce serait plus gai d'avoir ma vieille bête avec moi pour se promener à vélo dans Katmandou. J'attends des nouvelles de pied ferme aussitôt que possible : raconte un peu les filles (école Hélène, Marie…) et toi ? (contrat Dubois ?) et tiens-moi un peu courant des événements principaux (Jeux olympiques ? Courrier…). Baisers doux. Prochaine lettre de Lukla je pense.

N.

PS : Finalement ce sont des Espagnols très nombreux qui ont l'autorisation pour Everest et Lhotse voie normale. Je peux donc compter sur un repli facile en cas de besoin.

Tendres baisers aux filles (Hélène sur le nez, Marie dans le cou).

L'équipe s'installe à quelques kilomètres de la ville, où règnent le silence et le calme. Durant une semaine, Nicolas finalise les préparatifs. Rosser l'invite à son hôtel, le *Yak & Yeti,* pour enregistrer une interview. Il voudrait déchiffrer ce visage, il imagine sous ce front toutes sortes d'intempéries contrôlées à l'aide de raisonnements scrupuleux. Faire le Lhotse en solo est tellement ambitieux... Rosser sait qu'une réussite stupéfierait le monde entier. Ils s'installent dans le hall de l'hôtel un après-midi tranquille, et enregistrent une conversation sur son Nagra. Rosser l'interroge sur ses motivations, sur ce qui agite l'être ; il tente de cerner ce qui remue chez lui, tout ce qui gouverne le chaos sous l'apparence ordonnée d'une vie, la vie qui échappe à elle-même, emportée dans le torrent par un mouvement qui la dépasse. Ils discutent longuement et Rosser sait qu'il s'agit d'une excellente interview. Au moment de le quitter, Jaeger lui confie qu'il pense débuter l'ascension du Lhotse le 25 avril. Rosser inscrit la date dans son journal.

Nicolas Jaeger est un enfant de la Libération, né en 1946 de deux parents engagés dans la Résistance. Sa mère, la photographe Janine Niepce, est impressionnée par sa vitalité et l'accompagne en images dès ses premiers pas, qui prennent vite la direction de la verticale dans l'arbre de la propriété familiale, en Bourgogne.

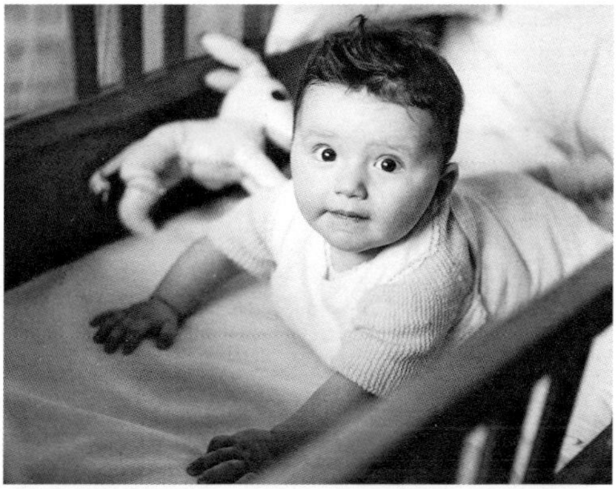

Nicolas avec son père, le colonel Michelin dans la Résistance (en haut à droite), et sa mère (ci-contre). Ses parents se séparent alors qu'il est âgé de 7 ans.

Son grand-père, pionnier de l'aviation, lui fait partager sa passion pour les aventures de Tintin.

C'est le père de Nicolas qui l'initie à la varappe, les dimanches en forêt de Fontainebleau. Passionné par l'escalade, il découvre l'alpinisme alors qu'il est étudiant en médecine et achète un appartement à Chamonix pour s'échapper dès que possible dans le massif du Mont-Blanc. En 1975, il sort major de sa promotion de guides de haute montagne.

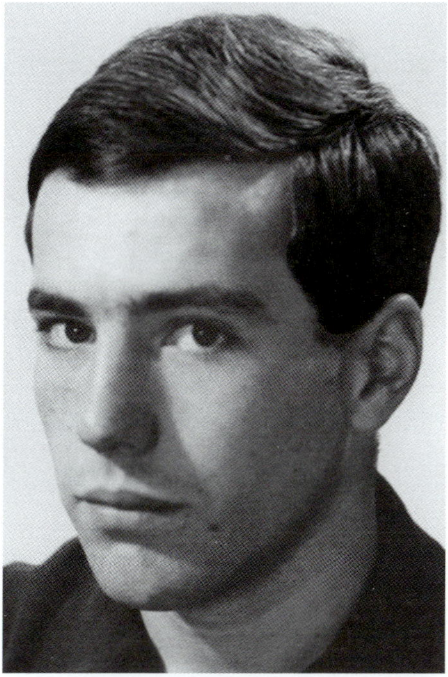

En octobre 1978, Nicolas Jaeger est, avec Pierre Mazeaud et Jean Afanassieff, l'un des trois premiers Français à atteindre le sommet de l'Everest. Il se sent bien sur le toit du monde, il enlève son masque à oxygène et allume une cigarette. Le lendemain, il réalise avec Afanassieff la première descente à ski depuis le col Sud.

En 1979, Jaeger passe deux mois seul au sommet du Huascaran (6 768 m), pour étudier les réactions de son organisme en altitude.

Au Pérou, Jaeger se réalise comme alpiniste (il signe de nombreuses premières solitaires) autant que comme médecin.

Au Huascaran, il effectue une batterie de tests quotidiens qui lui offriront la matière de sa thèse de médecine.

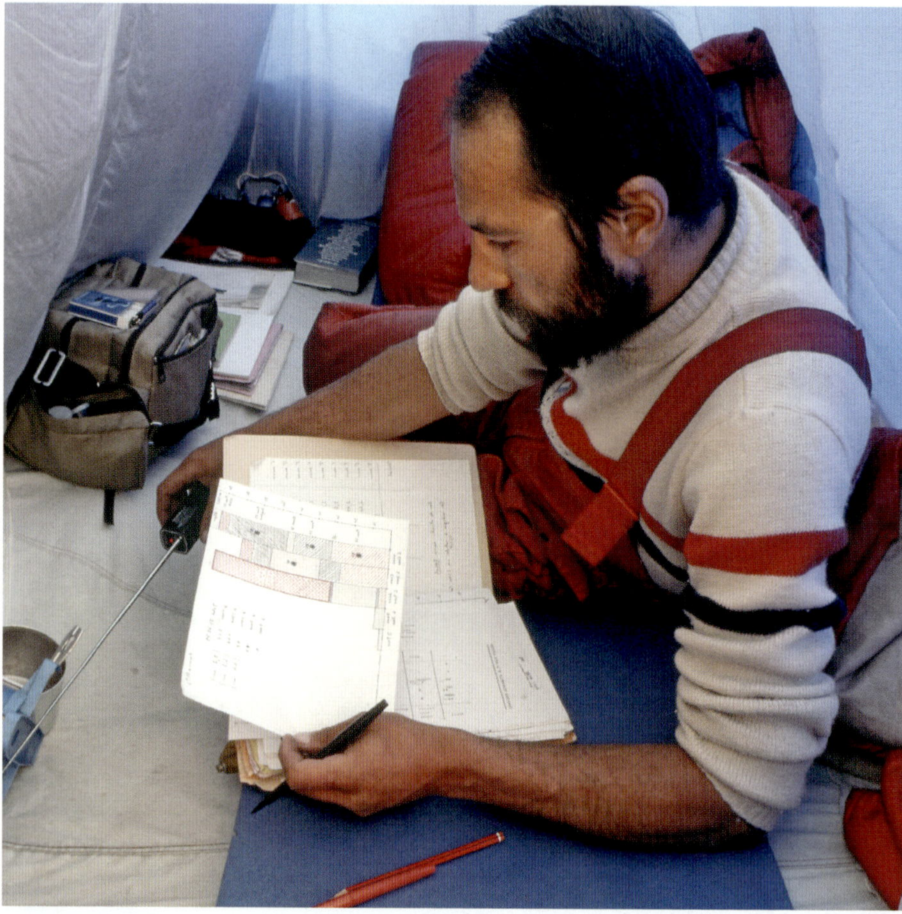

Dans sa tente, au Huascaran, Jaeger lit, étudie, s'observe, en quête d'une « superacclimatation » à l'altitude.

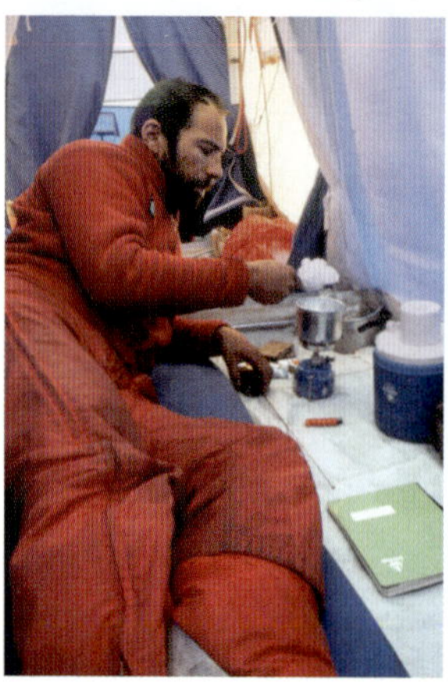

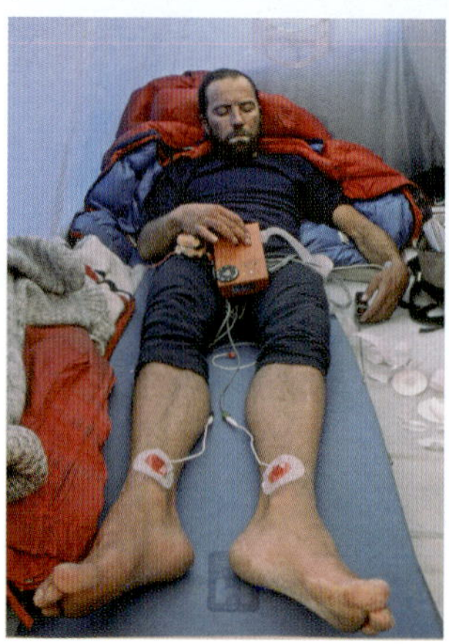

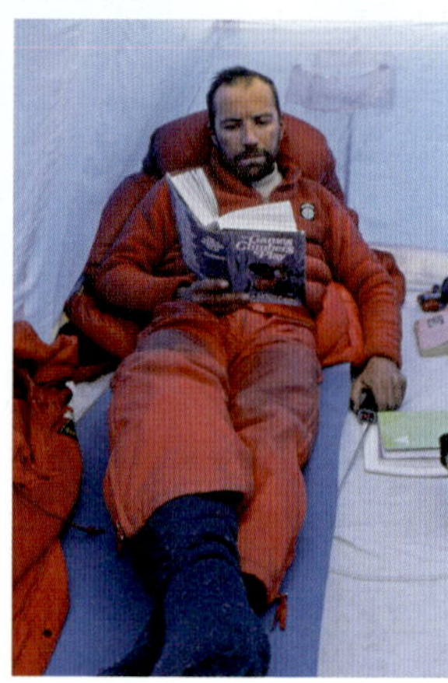

Son expérience dure près de deux mois. À la fin, sa tente est presque entièrement ensevelie.

Page de gauche :
Au printemps 1980, Jaeger, 33 ans, a imaginé un projet totalement inédit : gravir seul l'immense paroi sud du Lhotse (8 516 m), qu'il photographie lors d'une ascension d'acclimatation.

À la veille de quitter son camp de base, il est rejoint par un cinéaste américain rencontré à Katmandou, Bill Rosser, qui l'interviewe. Jaeger se montre confiant mais conscient des risques de son entreprise. Le lendemain et le surlendemain, Rosser le filme au téléobjectif, s'élevant dans la face, puis s'installant pour un bivouac. La capture d'écran ci-dessous est la dernière image de Nicolas Jaeger, porté disparu le 23 mai 1980.

Janine Niepce a accompagné son fils à Fontainebleau avant son départ en expédition pour réaliser ce dernier portrait.

5

« Mes femmes me manquent »

Le jeudi 13 mars, Nicolas Jaeger et Nicolas Bérardini s'envolent pour Lukla. Brigitte Steinmann les rejoindra plus tard. L'avion se pose dans un champ perché sur une gorge vertigineuse. Intimité immédiate avec le relief, adéquation des hommes aux paysages, une dépendance se crée.

Nicolas écrit de nouveau à Liliane :

Lukla, samedi 15

J'ai l'intention de confier cette lettre à un Français qui rentre à Katmandou demain et la postera, elle devrait arriver assez vite (détail comique, il habite au 34 de l'avenue !). Nicolas et moi sommes ici depuis jeudi matin avec une partie de paquets. Brigitte devrait arriver demain matin avec le reste, un peu de retard en raison de l'encombrement des vols, rien de fâcheux jusqu'à preuve du contraire. Je ne suis pas mécontent d'avoir eu deux jours calmes pour rassembler mes esprits, rattraper du sommeil en retard, finir les cartes postales, etc. Il fait beau, avec quelques nuages l'après-midi. À 2 800 mètres, c'est déjà la montagne assez semblable aux Alpes. J'ai déjà une meilleure mine et les choses sérieuses s'annoncent bien. Notre "officier" de liaison est inexistant et ne devrait pas être bien gênant, seule son ivrognerie pourrait poser quelques problèmes ! Nous avons dîné hier soir chez le sirdar et goûté pour la première fois la cuisine de notre cook, qui semble très convenable. J'attends des nouvelles avec impatience ! Rien de bien notable à raconter. Nicolas, un peu jeune chien fou, drôle et gentil. Fin de la lettre demain matin avant l'avion. Baisers très doux pour vous trois. Incidemment j'espère que ma lettre précédente est bien arrivée.

Dimanche matin

J'attends au soleil l'avion qui doit nous amener les cantines et emporter cette lettre vers Katmandou. Mes idées commencent à être plus claires après trois nuits consécutives de dix heures. Mes femmes me manquent, je vous embrasse.

N.

La marche d'approche peut débuter. Cinq jours durant lesquels les heures vont s'étendre comme des ailes. Lentement ils se laissent envelopper par le silence particulier qui irradie des montagnes, exerçant une puissante pression sur leurs corps, un silence capable d'étouffer tous les sons, même le sifflement de leurs propres nerfs. Ils marchent à travers le labyrinthe des vallées. Le ciel est un océan de cobalt, si profond qu'ils ont l'impression d'y être aspirés. Partout des drapeaux à prières sur les ponts enjambant les torrents, des mâts à prières, des moulins à prières à l'entrée des villages pour célébrer le monde et porter les pensées vers l'au-delà. Le bouddhisme que pratiquent les Sherpas s'enracine dans un animisme originel qui accueille la sorcellerie ou la magie et peuple forêts, vallées et montagnes de terribles démons ou de dieux. Les sentiers s'enroulent autour de la montagne, s'élèvent au-dessus des toits de lauzes brillants comme de l'argent. Les sommets remplissent le ciel, qui ne s'ouvre, peu à peu, qu'à l'approche des 8 000. Pour préparer son acclimatation, Nicolas choisit d'établir son camp de base à 4 850 mètres, au pied de l'Ama Dablam, non loin de l'endroit où Hillary et le docteur Pugh avaient posé leur *Silver Hut* pour étudier la physiologie d'altitude, vingt ans plus tôt. L'Ama Dablam est un monolithe géant ourlé de glace. *Ama* signifie « mère » en sherpa et *dablang* « médaillon porté autour du cou ». On aperçoit de toutes parts les fines arêtes rocheuses, tandis que sur son sein se trouve un *dablang* de glace brillante. Ce vallon face au Lhotse et à l'Island Peak où coule le torrent de l'Imja est le lieu idéal pour s'installer, le plus pur, sous un ciel exfolié, offert à tous les vents glacés. Ils sont saisis par ce lieu où seuls existent les immenses rocs sonores qui projettent une implacable présence dans le bleu. Les pics étincellent et, dans le jour qui tombe, résonne la lune d'argent. Après avoir tout monté, Jaeger sonde la montagne. Les glaciers flamboient dans les lueurs du couchant et la face sud du Lhotse s'impose. Un froid coupant descend des étoiles qui subitement ont percé le ciel. L'obscurité unit le monde dans un même sentiment. Quelque chose palpite. Les planètes s'alignent. Le 23 mars 1980, Jaeger écrit sa première lettre depuis le camp de base.

Camp de base, dimanche 23

Cette lettre partira demain matin vers Lukla et Katmandou par notre mail runner. Celui-ci sera de retour vers la fin de la semaine avec des nouvelles de vous, je l'espère. Nous voilà installés à 4 850 mètres, endroit agréable avec de l'eau, de l'herbe, du soleil, assez abrité du vent. Après de belles matinées, les après-midi sont assez nuageuses, belles nuits claires et froides (- 10 °C environ). Nous sommes bien installés, abri cuisine, tente mess et tentes individuelles, matériel au point grâce à l'expérience. Départ demain matin pour une première ascension, l'Island Peak, 6 189 mètres, avec un bivouac prévu. L'officier de liaison est franchement pénible, douillet, quémandeur... Je caresse l'espoir de le voir bientôt s'installer à Namche Bazar pour nous y attendre. J'ai bien vite retrouvé la routine des expéditions. La face sud du Lhotse est vraiment impressionnante, problèmes techniques sérieux à prévoir pour deux passages vers 6 000/6 500 mètres et vers 7 000/7 500 mètres. J'espère que le trimestre d'Hélène s'achève avec des lauriers et que le ski à Avoriaz sera aussi réussi qu'en février (chamois indispensable !!!)

Je vous embrasse très fort toutes les trois.

N.

Le lendemain, l'acclimatation peut débuter. Le soleil remplit chaque cristal de neige à l'en faire éclater. Ils n'ont pas tous les permis pour escalader les sommets qui les entourent, ce qui peut leur causer des problèmes avec les autorités népalaises, mais l'officier de liaison semble plus prompt à fumer des substances psychotropes qu'à vérifier ce qu'ils escaladent. Tous les trois, les deux Nicolas et Brigitte, ont prévu ces premières semaines de gravir des sommets sans nom entre le Baruntse et l'Ama Dablam, pour s'acclimater. Très vite, les compagnons de Jaeger remarquent que l'altitude le galvanise. Elle lui donne une manière d'être au cœur du geste qui lui permet d'atteindre une permanence. Le pouls est lent, la cage thoracique ouverte sur un corps homogène. Bombardement silencieux. Pulsion paisible. Il grimpe avec une fureur de vivre, une énergie qui décape le milieu, tout en prenant place calmement dans ce mouvement qui le sculpte comme il pourrait l'effacer. En s'adaptant à l'altitude, il s'allège. L'air raréfié l'exalte, tout semble gravé dans sa vue, et l'espace apparaît plus finement. Plus il est haut, mieux il est. Jaeger et Bérardini se retrouvent souvent tous les deux. Ils parlent peu mais l'essentiel circule. Ils respirent côte à côte ; et le silence devient une masse, pas un vide. Sur les pentes les plus raides, la voix de Jaeger reste douce et grave. Il se soucie de la sécurité de son compagnon. L'émotion, en montagne, est toujours simple, plus directe. Il y a la montagne, Bérardini et Jaeger, aucun entrelacs de médiations enserrées. Bérardini, impressionné, regarde Jaeger grimper : très rapide et sûr, même en terrain délicat. Fluide, régulier, mouvements souples où rien ne se brusque. C'est un « chirurgien du piolet », dit-il. Jaeger évolue comme un danseur sur des dalles où cinq millimètres de glace laissent apparaître le rocher en transparence. Chorégraphie instinctive. Ses yeux n'ont plus besoin de voir. Il avance avec une intuition très forte, sismographe des rythmes.

Au cours d'une autre ascension d'acclimatation, Bérardini assure Jaeger dans une traversée peu engageante sur des dalles de schiste. Dans l'air glacé, toute la montagne est tendue ; le silence résonne. La peau craque, les muscles se tendent à la frontière de la contracture, les poumons se gonflent et les couches de vêtements laissent passer un coulis glacial. Soudain, il le voit chuter, culbuter dans la pente. Il disparaît de sa vue, la corde se tend. Soulagé, il entend Jaeger jurer. Faire œuvre avec ce qui devrait vous anéantir est une des beautés de l'alpinisme. Jaeger se donne tout entier, il rejoint les mystiques par ses rafales intérieures, par sa volonté de s'attaquer à l'invraisemblable, d'aller au-delà, sans reculer devant aucun danger. Son cœur bat comme un fou, avec acharnement. La précipitation de ce cœur. La furie de ce cœur. Cœur forcené. Bérardini y voit l'immédiateté de la vie, l'engagement exclusif. Jaeger n'a rien d'un héros ; il ne surpasse pas les qualités d'un homme, mais il ne garde rien pour lui.

La descente est longue, les rappels s'enchaînent, à l'instinct. Ils traversent des trous noirs sans savoir précisément où ils atterriront. Les cartes n'indiquent rien. Bérardini s'étonne, ils ne se sont jamais trompés d'itinéraire, n'ont jamais dû rebrousser chemin. Jaeger appartient au décor. À moins que ce ne soit lui qui le possède. Sa trajectoire se situe entre l'espace visible et ce qui ouvre vers le mystérieux. Bérardini l'a toujours suivi, sans réserve. « Il faut faire confiance aux gens qui vous font confiance. » Cette phrase de Jaeger, il ne l'oubliera jamais. Un jour, ils s'élèvent sur une arête bordée d'*ice flutes* après une marche d'approche interminable. Bérardini revient épuisé au campement. Il n'a plus de corps, plus d'enveloppe, et c'est douloureux, il brûle, et c'est jouissif. C'est le seul soir où l'heure de retour fut tardive. Les autres jours, un programme précis est respecté. À 17 heures, on se repose.

Jaeger ne participe guère à l'insouciance générale de la tente mess. Quand il y séjourne, il joue aux échecs seul. Il semble avoir besoin de s'abstraire, se recréer un lieu à soi, sous la tente ; enveloppe opaque que l'extérieur peut percevoir d'une drôle de façon. Il se ménage des silences, des grottes. Il remplit des journaux, mesure les conditions météorologiques, dresse de longues colonnes de chiffres, calcule sa trajectoire. Tout en lui est attention. Il étudie, il réfléchit, écrit chaque jour. Il transforme sa vie en preuve, en souvenir. Ses cahiers se noircissent de réflexions anarchiques alors qu'il pense aussi aux siens. Il ne renonce pas à rassembler sa famille, tentant de compenser l'absence en transmettant la fleur de sa pensée. Sa réflexion est brute comme ce qui n'est pas taillé, poli par et pour les usages, un diamant qui n'a pas même vocation à être serti. Il ressent combien il se sent proche de sa famille quand il est très loin. Alors il écrit à Liliane, souvent. Il n'évoque pas de doutes. A-t-il tort d'y croire autant, à sa montagne ? Ce genre de questions ne s'invite pas dans sa correspondance, ce serait un impardonnable aveu de faiblesse, mais lorsqu'il est seul, c'est peut-être autre chose. Le lui a-t-on déjà assez répété qu'il avait une famille quand il a découvert la jouissance de toucher le ciel du bout des doigts, au point de vouloir s'y accrocher, y creuser sa chance ? Il écrit pour conserver un lien, mais aussi pour cimenter des affections que le temps et la distance pourraient dissoudre. Ces forces qu'il donne dans l'alchimie des lettres, n'est-ce pas, en quelque sorte, pour être aimé en retour ? Il écrit aussi pour donner un sens à cette ascension, une texture à son attente et à sa solitude. La distance l'incite à poser des mots sur les sentiments et à les dévoiler, avec plus de hardiesse qu'il lui aurait été permis chez lui, à Paris. Il n'y a pas d'un côté sa correspondance et de l'autre ses actions. Les lettres qu'il envoie depuis le Népal restent le meilleur moyen de comprendre et embrasser sa vie. Elles font advenir ce qu'il y a de plus sincère en lui.

Camp de base, dimanche 30

Bien reçu ta lettre du 18, arrivée pendant notre seconde ascension et trouvée hier soir en revenant au camp du Lhotse. Notre coursier fait merveille, il repartira demain vers Lukla avec la présente et j'espère encore des nouvelles vers la fin de la semaine. Déjà installés depuis huit jours ici, partis de Paris depuis plus d'un mois lorsque tu recevras cette lettre : le temps file ! Aujourd'hui notre journée de repos coïncide fort heureusement avec la première journée de fort mauvais temps, cela ne devrait pas durer, je l'espère, et nous comptons en principe partir demain matin pour la troisième fois. Le programme se déroule normalement : première ascension facile lundi et mardi (Island Peak, 6 189 m, un bivouac tous les trois), deux courses plus sérieuses jeudi, vendredi et samedi (6 205 m sans nom, deux bivouacs avec Nicolas seulement, Brigitte préférant s'acclimater mieux avant de dépasser à nouveau 6 000 mètres). Très belles montagnes autour de nous, vues superbes au cours des ascensions, dans l'ensemble assez beau temps avec nuages l'après-midi, nuits froides (- 20 °C au dernier bivouac à 6 000 mètres avec Nicolas). Ambiance agréable au camp : mes deux acolytes sont sympathiques et sans histoire, pas de problèmes avec les Sherpas. L'officier de liaison a préféré regagner des régions plus hospitalières depuis plusieurs jours, bon débarras ! Bien entendu, je ne perds pas l'objectif principal. J'ai à peu près déterminé l'itinéraire le plus acceptable et je garde un œil sur la grande face pour l'apprivoiser peu à peu ! La forme revient vite et l'acclimatation progresse sans douleur. Je pense tenir le planning prévu, sauf difficultés liées au temps, toujours possibles, c'est-à-dire démarrer le Lhotse le 25 avril environ.

Que dire de plus sinon que tu me manques mais que bien sûr c'est un grand confort de savoir les filles en sécurité en de bonnes mains. Donne-moi un peu plus de nouvelles à leur sujet. Tu ne dis pas non plus grand-chose de toi mais j'y suis habitué. Nous formons un couple étrange mais solide malgré tout, je crois, et auquel je tiens ! Baisers doux du Fou des montagnes.

N.

PS : Excellent moral pour mon entreprise au succès de laquelle je crois ferme malgré son allure folle : si l'on divise un problème immense en petits morceaux, chacun d'entre eux retrouve l'échelle humaine et peut être résolu !

Camp de base, jeudi 3 avril

Quelques lignes en profitant d'un bref passage au camp de base entre la troisième et la quatrième ascension. Mail runner parti mardi matin vers Lukla, pas encore de retour bien sûr. Encore trois jours de beau temps jusqu'à cet après-midi : averse de neige qui ne me semble pas compromettre un départ demain matin en direction du Baruntse, course plus sérieuse de quatre ou cinq jours, sommet à 7 200 mètres. La troisième course m'a permis de faire encore deux bivouacs en altitude et de gravir des « petits » 6 000 sans nom. Retour au camp prévu donc lundi ou mardi prochain, le 7 ou le 8. Je compte bien avoir des nouvelles de toi en revenant. Baisers doux, suite après la prochaine…

Jeudi 10

Retour hier après-midi au camp après quatre bivouacs et l'ascension du Baruntse, 7 200 mètres, faite en solitaire finalement, Nicolas et Brigitte ayant calé à 5 600 le matin du troisième jour, au début des difficultés. Ascension assez sérieuse avec de très belles vues dans l'ensemble, beau temps froid et venteux. J'ai eu le plaisir de trouver en rentrant ta seconde lettre, celle-ci repartira demain matin, troisième voyage du coursier. Aujourd'hui et demain, repos, toilette, et samedi matin, départ pour l'arête nord de l'Ama Dablam, en principe, avec les deux autres, quatre ou cinq bivouacs prévus. Après cela, il me restera encore une semaine avant le Lhotse, je ne sais pas encore avec certitude comment je vais l'employer. Nous sommes très favorisés par le temps depuis notre installation ici : très belles matinées, nuages l'après-midi qui se dissipent dès le début de la nuit, seulement deux fois dix centimètres de neige, j'espère que cela va continuer… J'ai reçu un call de L'Équipe Magazine *demandant informations, photos, tu peux leur transmettre le papier ci-joint (Jacques Valluet ou Patrick Chapuis), je n'ai pas leur adresse. Pour les photos, ils peuvent soit en avoir maintenant chez Rapho, soit attendre mon retour : je ne pense pas en envoyer avant, de peur qu'elles ne s'égarent. Tu peux aussi communiquer le compte rendu envoyé avant mon départ, si tu en trouves un dans mon bureau.*

[…] *Bravo pour le chauffe-eau, la voiture et les oreillons de Marie, je vois que tout suit son cours… Merci pour les quelques nouvelles d'actualité : j'ai un peu l'impression en te lisant ici que cela se passe sur une autre planète ! À peine besoin de te dire que je suis heureux de recevoir de vraies lettres drôles et tendres. J'écris à Hélène par le même courrier. J'espère bien que le troisième voyage de notre courrier apportera des nouvelles fraîches. Le fou des montagnes t'aime et t'embrasse tendrement.*

N.

Suit un post-scriptum adressé à sa fille :

Hélène chérie,

Après tes expériences péruviennes, tu ne serais pas trop dépaysée ici. Pourtant les montagnes sont encore plus grandes, le camp au fond de la vallée est déjà à 4 850 mètres d'altitude. Nous avons avec nous trois Sherpas : un chef, un cuisinier et un "coursier" qui fait à toute vitesse l'aller-retour entre le camp et Lukla où atterrit un petit avion de Katmandou. Ils ont avec eux un petit chien noir qui nous tient compagnie. Pas encore vu de "yéti" malheureusement. Déjà deux ascensions en huit jours mais le temps s'est gâté aujourd'hui et risque de nous retarder. J'espère que tu tiens la forme : je pense que tu auras cette lettre à ton retour d'Avoriaz, pleine d'énergie pour le dernier trimestre. Fais une grosse bise dans le cou de ma part à la petite. Baisers doux pour la grande aussi.

N.

Quand il lève la tête, ses yeux sont posés sur les paysages qui le surplombent, comme si aucun autre lieu n'était jamais venu impressionner ses rétines. La fascination de Jaeger pour cette face, à la limite de l'obsession, reste toute-puissante. Il observe le Lhotse en cherchant les failles de son armure. Le temps du camp de base est le temps de l'attente, où la menace fait partie du quotidien, où le quotidien se réécrit chaque jour. Il y a l'objectif, mais il y a surtout un voile de brume à travers lequel il est difficile de deviner ce qui va arriver. Malgré la haute préparation, comment ne pas ressentir un trouble ? Comment empêcher son esprit de ne pas imaginer toutes les situations ? Les avalanches de poudreuse déferlent à gauche et à droite au-dessus du camp. Il en ressent le souffle et les vibrations. La fréquence des coulées l'effraie, il suffirait que l'une d'elles le frôle durant son ascension pour qu'il soit perdu. Il se concentre.

Il n'oublie pas son intuition. Il écrit sa dernière lettre du camp de base le jeudi 17 avril.

Camp de base, jeudi 17

Rentré hier après-midi au camp avec Nicolas après quatre bivouacs, je n'ai pas eu le plaisir de trouver de lettre de toi. Course un peu décevante puisque nous n'avons pas atteint le sommet, mais très utile pour l'entraînement et avec des vues superbes. L'arête nord de l'Ama Dablam commence à 5 365 mètres à un col assez facile d'accès depuis notre camp. Ensuite, roche, glace, neige : ressauts raides et délicats, longues sections horizontales avec tours de neige sculptées par le vent... Troisième bivouac vers 6 300 mètres, grosses difficultés au départ le matin avec neige pourrie. Nicolas commençant à traîner un peu la patte, j'ai préféré descendre. Aujourd'hui, repos au camp. Temps couvert ce matin : je ne serais pas étonné qu'il neige un peu, ce qui ne serait pas surprenant après cette longue période de beau temps. Brigitte est allée visiter un camp d'alpinistes français assez proche du nôtre : ils doivent gravir le Baruntse (pour mémoire, j'ai fait l'ascension solitaire en trois jours).

Sous réserve de mauvais temps et/ou chute de neige importante, j'ai à peu près fixé mon programme : samedi 19, départ pour une reconnaissance de trois jours au pied du Lhotse. J'ai assez fortement l'impression que la voie directe envisagée est rendue très aléatoire par le faible enneigement de la partie inférieure, de grandes dalles lisses apparaissent et je vois mal comment passer et surtout descendre en cas de besoin. En conséquence, il se peut que je me rabatte sur une solution un peu moins élégante : monter par l'arête qui borde la face à droite jusqu'au Lhotse Shar puis suivre l'arête sommitale jusqu'au Lhotse. Cette dernière, entre 8 300 et 8 500 mètres, doit réserver de très beaux passages. L'arête, assez peu marquée, est bien visible à droite de la carte postale. Soit dit en passant, l'aspect de la moitié inférieure de la face est bien différent en ce moment ! Après reconnaissance, préparatifs et repos, je devrais donc en principe aller coucher au pied le jeudi 24 et attaquer le 25. Du camp de base, j'enverrai bien sûr notre coursier avec un télégramme dès mon retour : tu pourrais recevoir celui-ci vers le 5 mai environ. Rien de bien marquant à raconter en dehors de mes allées et venues et projets, sinon que vous me manquez et que si possible, je serais ravi d'être de retour à Paris le 15 mai. Baisers doux aux trois femmes, la grande, la moyenne et la petite.

N.

Les 19, 20 et 21 avril, il passe trois jours dans la voie directe de la face sud du Lhotse, dans la partie centrale, la plus raide de la paroi, ce qui constitue déjà une première puisque les deux expéditions japonaises et italiennes s'étaient toutes deux concentrées sur la partie gauche, moins verticale. Il atteint 6 500 mètres, mais redescend et décrit à ses compagnons les risques énormes dus aux trois larges couloirs d'avalanche qui parcourent la face entière ; quand il y en a une qui décharge, c'est un entonnoir. Il n'y a pas d'échappatoire. Il explique à ses compagnons qu'il empruntera un autre itinéraire, moins exposé, comme il le pressentait quand il a écrit à Liliane. Il n'est pas suicidaire. Il gravira une antécime du Lhotse, le Lhotse Shar (8 398 m) pour rejoindre ensuite le sommet du Lhotse. Le cheminement sera complexe sur l'arête sinueuse, hérissée de gendarmes et de corniches dominant un vide impressionnant et en altitude extrême. Puis il redescendra vers le col Sud et la combe Ouest. Ou, pourquoi pas, continuer jusqu'au sommet de l'Everest, redescendre côté tibétain, puis remonter vers le Lho-La et regagner le camp de base népalais de l'Everest où l'attendra son équipe. Le projet est techniquement moins radical que la face sud directe du Lhotse, mais la longueur et l'engagement sont prodigieux. Rien de tel n'a été accompli depuis, pas même avec l'énorme soutien dont bénéficient les nombreux summiters de l'Everest depuis les années 2010.

Pendant que Jaeger s'acclimatait avec ses compagnons entre le Baruntse et l'Ama Dablam, l'équipe de Rosser a enfin réussi à obtenir tous les permis nécessaires et à organiser un vol dans la région du Khumbu. Ils ont perdu plusieurs semaines avec les formalités. Leur expédition est la première à franchir le Mera-La dans la vallée inhabitée de Hongu. Mais il y a tant de neige qu'ils ne peuvent hélas y travailler. Rosser doit imaginer une alternative, une autre direction. Il sort son journal et y trouve une date entourée, qui correspond au départ de l'ascension de Jaeger, moins d'une semaine plus tard. En étudiant la carte, Rosser décide de séparer l'expédition en deux groupes ; avec son preneur de son et deux Sherpas uniquement, ils pourront revenir vers le Mera-La, descendre la vallée suivante, passer un autre col, et remonter la rivière Dudh Khosi jusqu'au Lhotse.

Cinq jours plus tard, les voilà proches de la face sud. Rosser retient son souffle… Jaeger sera-t-il encore là ? Il aperçoit une tente rouge. Nicolas est surpris de les trouver après ses longues semaines de préparation. Son ascension est prévue le lendemain matin. Il ne lui reste plus que quelques heures avant le grand jour. Rosser lui propose une interview, il installe rapidement le matériel. Il l'interviewera et le filmera en même temps. Ils s'installent sur les caisses d'expédition. Il ajuste le cadrage, vérifie que Jaeger, nimbé de soleil, apparaît bien à l'écran, et enregistre quelques mots précieux avant que la lumière ne commence à baisser. Jaeger répond en anglais, d'une voix calme :

« J'essaie de faire mon travail du mieux que je peux. Je ne dis pas que le travail est quelque chose de désagréable, mais quelque chose d'agréable, c'est un bon sentiment quand vous réussissez et quand vous atteignez le sommet. C'était exactement la même idée que lorsque j'étais au sommet de l'Everest. J'ai terminé mon travail. Il a été fait correctement, et c'est un sentiment très agréable. Au début, la montagne, c'était juste un besoin naturel, et ensuite, j'ai continué à suivre le même chemin parce que j'aimais ça et j'ai continué à essayer d'augmenter le niveau et de faire des choses plus difficiles, et c'est une façon très naturelle, c'est un besoin très personnel.

J'ai passé cinq mois à Paris, c'était bien. J'étais très heureux d'être avec ma famille et mes amis et de boire du vin, car je suis originaire de Bourgogne et j'aime le vin. Mais après cinq mois, j'ai besoin d'autre chose. Si je veux continuer à m'intéresser à l'alpinisme, je dois essayer de trouver des choses plus difficiles et plus impressionnantes à faire. L'idée est d'élever la barre pour sauter, si elle est trop basse, eh bien ce n'est pas si intéressant et d'autres personnes peuvent faire de meilleures choses. Et ce n'est pas satisfaisant. Si vous la mettez trop haut, bien sûr, non seulement vous pouvez échouer mais c'est très dangereux et c'est une question de réflexion. Je pourrai dire dans deux semaines si mon choix était bon ou pas. »

La dernière réponse semble faire écho à l'inquiétude de son interlocuteur :

« Je pense qu'on est obligé de rencontrer des problèmes. Si tu es bien préparé, tu n'as pas peur. Tu te sens concentré. Tu as, disons, un mur à franchir et tu fais de ton mieux pour y arriver. Ce n'est pas exactement de la peur. C'est très différent. Lorsqu'on a passé de nombreuses années en montagne, on peut oublier complètement que c'est dangereux. Et je dois garder à l'esprit, tous les jours, que ce n'est pas un monde pour les hommes. »

« *No world for men* », répète-t-il à Rosser comme il l'écrivait dans ses cahiers au Huascaran. Oublier cela, c'est être comme le boxeur qui baisse sa garde : « Tu es fini, c'est tout simple. Et très rapide... »

Il explique qu'il doit être de retour dans dix jours. Si ce n'est pas le cas, il peut survivre quelques jours de plus, pas beaucoup. « Disons que ça ne peut pas dépasser deux semaines. » Il sait qu'aucun secours ne sera possible au-dessus de 7 000 mètres. Il prépare ses dernières affaires : il retire tout ce qui peut l'encombrer. Pas de tente, ni de caméra. Il veut être le plus léger possible. Chaque poids supplémentaire réduit ses chances de réussir l'ascension. La nourriture est pesée au gramme près, quelques lasagnes lyophilisées, un sac de couchage bleu, l'un des premiers en Gore-Tex, une nouveauté, conçu sur mesure pour l'expédition. Tout est bien compartimenté dans le sac à dos. L'équipe se sent mélancolique et baisse les yeux – les départs font toujours anticiper leurs effets.

Face à Rosser, il a terminé l'interview en confiant : « Un homme doit agir de la meilleure façon qu'il peut. Tant que vous avez choisi une voie, vous êtes tenu de la suivre, et de la suivre correctement… Et je dois dire, j'aime ce que je fais… je pense que je suis plutôt un homme heureux. »

Le ciel devient pommelé, presque entièrement pris dans ses îlots de nuages bien serrés, aux reliefs blancs relevés par les clartés d'un soupirail bleu ouvert à l'horizon. Le soir, ils discutent une dernière fois, ensemble et déjà chacun dans un espace à soi. Ils imaginent ce qui va se produire le lendemain, et Jaeger tente de construire le puzzle des heures à venir. C'est un sas avant le sommeil.

Depuis son arrivée, il ressent la fine sédimentation de son histoire. Au fil des semaines, le temps s'est épaissi pour devenir ce silence pointé sur le sommet, où le regard s'arrête ce dernier jour. Le 24 avril, il ouvre les yeux sur un ciel nettoyé par la nuit. Il sait que le ciel fera tout.

Il règne un air de grand large dans ce bout du monde glacé et Jaeger goûte une allégresse de jour J, la légèreté d'un matin de voyage. C'est en pleine forme qu'il quitte son camp pour cette face fantastique, peut-être la plus difficile du monde.

À partir de cet instant, sa voix se tait.

On ne peut plus qu'imaginer.

6

Avalé par le blanc

Comme le souhaitait Jaeger, le reste de l'équipe quitte le camp de base du Lhotse pour aller l'attendre, à trois jours de là, au camp de base népalais de l'Everest, sur le glacier du Khumbu. Plus que jamais, l'alpiniste est seul avec lui-même. Le départ ne supporte pas la moindre inflexion et exige une détermination extrême. Il faut évacuer toute pensée parasite, se concentrer sur chaque geste, écouter son corps, enchaîner les mouvements les uns après les autres, ne brûler aucune étape, peser chaque décision, être relâché, grimper juste. Il porte une veste et une salopette rouge Cardis, son visage est fermé, son regard caché derrière d'imposantes lunettes de glacier. De toute façon, il n'y aurait plus rien à lire dans ce regard. L'enjeu y a dévoré toute trace d'émotion. Il sait qu'il lui faut trouver la bonne combinaison entre la conscience du risque, l'itinéraire optimal et la fenêtre météo parfaite.

Le 25 avril 1980, Nicolas Jaeger s'est avancé au pied de la face s'élevant d'un seul jet de 3 200 mètres, sous cette pente de près de 60 degrés. Il a attaqué la paroi par un éperon plus protégé à droite, qui monte vers l'antécime sud de la montagne : le Lhotse Shar. Libéré de toutes cordes, armé seulement de ses deux piolets et de ses crampons, il s'est élancé, fluide, délié, rapide, efficace. Les poumons aspiraient avidement l'air raréfié. Sous ses côtes, il sentait le rude travail du cœur pompant lentement le sang dans les veines, la sève vitale s'épaissir en lui. Son corps tendu comme un arc, tous sens aiguisés, il a retrouvé ce sentiment d'être absolument seul, absolument léger, absolument attentif sans avoir le droit à la moindre erreur. Les images et les sons cognaient ses synapses, dessinaient des lignes, des stratégies. Son esprit était plus vif que jamais, les heures de risque portent la bravoure à l'incandescence.

L'équipe de Rosser suit Jaeger jusqu'au pied de la face sud du Lhotse Shar. Interviewer quelqu'un, c'est aussi interroger son corps, avancer au rythme de ses mouvements. Pour sonder le mystère de ses pensées, il aurait fallu percevoir totalement le secret de ses articulations. Jaeger se déplace de manière très rapide et laisse bientôt l'équipe derrière lui, mais Rosser tente seul de se rapprocher encore un peu. Il installe une caméra avec des téléobjectifs de très haute qualité. Le froid est glacial, le vent le secoue, mais il filme toute la journée. Il ressent l'urgence de regarder, capturer, zoomer une nouvelle fois, sans savoir ce que diront ces images dans l'avenir, ce qu'on y lira de ce moment, de ce désir de garder près de soi ces montagnes au hérissement infini, cet homme volcanique, d'y répandre une lumière que rien n'arrête, mais à force d'observer, d'écarquiller les yeux, les détails se perdent dans cette pente, tout devient brumeux. Jaeger devient une figure minuscule, une microscopique silhouette dans une estampe. La lumière, glissée dans l'entrebâillement de l'horizon, vient l'éclairer par en dessous en fouillant de ses longs rayons les reliefs abrupts. À la fin de la journée, il creuse un trou dans la neige pour bivouaquer.

Le lendemain, Rosser filme la silhouette qui grimpe avec ses deux piolets un contrefort de glace très raide et très long. Il avance en territoire vierge, cerné par le vide. Le vide sous les pieds, le vide à l'horizon où la cime semble se répéter à l'infini, toujours aussi blanche, glacée et privée d'humanité, le vide dans cet éther du ciel au-dessus de lui, mystérieux.

Il progresse dans le vertige d'un silence troublé par le crissement de ses crampons et le son du vent. Se chevauchent des vagues, des accentuations de relief. Il atteint le sommet de cette longue et éreintante section vers midi le 27 avril. Il enfile une veste, se tient debout, les mains sur les hanches, et regarde la face qu'il vient d'escalader.

Rosser l'observe seul sous le ciel, puissant et fragile, et fier, émerveillé devant ce qu'il vient de réaliser. Cette vision fabrique des sentiments contrastés, une impression mélangée d'obstination, d'aplomb et de danger. Puis le ciel se couvre de proliférantes masses de nuages blancs, masquant progressivement la face sud. La brume camoufle la lunette de Rosser. Ce qui menace est sans vague, agit avec douceur, avec un charme puissant qui vous engloutit. Peu à peu l'océan augmente son emprise. Rosser, qui cherche Jaeger à travers son objectif, ne sait plus s'il rêve ou si les lignes de crêtes sont en train de se dissoudre sous ses paupières.

Le corps de Jaeger épouse désormais les contours de la montagne, dont il sent chaque aspérité, chaque arête, avec lesquelles il partage un même destin translucide. A-t-il continué, jusqu'au bout, d'admirer cette montagne tant rêvée, heureux d'être arrivé là où personne n'avait marché. A-t-il vu la menace, invisible à l'œil commun mais connue de l'alpiniste ? Comment a-t-il accueilli le silence, ce silence qu'il connaissait intimement ? Son corps l'a-t-il refusé avec violence, s'est-il battu pour ne pas se laisser prendre par les jambes, pétrifié peu à peu ? Pour ne pas le laisser entrer dans la bouche, se glisser dans son sang, dans sa chair, se figer dans ses veines ?

La neige a maintenant supprimé tous les reliefs. Apocalypse en sourdine. Minuterie en suspens. Partition à peine perceptible.

Le ciel dévorant. Le plafond de nuages qui obscurcit la partie supérieure du Lhotse s'installe. Rosser craint la chute de neige un peu plus haut. Il tente de saisir quelque chose d'humain, de reconnaissable, un point rouge, un visage barbu, unis dans un même processus de fabrication d'une vision. Il semble par moments apercevoir la silhouette sortant des brumes, un mouvement, un homme qui s'élève dans la face sud. Mais peut-être l'image s'est-elle créée sur l'envers des paupières, dans les taches vertes et orange que dépose la lumière. Dans le blanc des montagnes, des images profondes se déposent au fond de l'œil du cinéaste, impénétrables, que les mots ne peuvent circonscrire, des images qu'aucun appareil ne peut produire puisqu'elles forent l'intérieur du corps, et tout se tait, s'enfonce, se disperse.

Dans la lunette, on ne voit rien du ciel, rien du visage de Jaeger ni des sentiments qui y passent, les couleurs ont disparu, on perçoit parfois sa veste qui n'est plus qu'une ombre, et cet attribut masque tout le reste. Tout devient blanc, immensément blanc et il grimpe encore davantage. Ses pas sont ceux d'un équilibriste aspiré dans un autre monde. Il se fraie un chemin de plus en plus étroit, une fente qui se referme, un trait qui disparaît. Sa trace se perd dans le flou, au-dessus de 7 000, peut-être à 8 200 mètres, pense Rosser. Il n'y a plus d'images pour ce qui va suivre. Aucun récit ne témoigne de la façon dont il a continué, ou pas, vers les hauteurs.

Rosser comprend que Jaeger est perdu pour sa caméra. Il espère arriver à temps pour être témoin de sa descente dans l'Icefall. Il rassemble rapidement ses affaires et s'en va rejoindre Brigitte Steinmann et Nicolas Bérardini au camp de base de l'Everest.

7

L'attente

Il n'y a plus personne au pied du Lhotse. Une solitude s'étend par-dessus ces montagnes. Quand le vent qui glisse sur la neige retient son soupir, le silence enveloppe le paysage sépulcral, le mystère s'étend sur les roches et les lointains brumeux. Le 28 avril, le mauvais temps s'installe sur la montagne pour durer six jours : nuages, neige, rafales à 100 kilomètres à l'heure.

Rien n'indique, dans les derniers mots enregistrés de Jaeger, qu'il ait subi un déséquilibre, quelque chose auquel son esprit n'aurait pas été préparé. Un long enchaînement de décisions l'a mené ici, il n'a manifesté aucun signe de faiblesse, il se sentait libre d'être ce qu'il puisait au fond de lui-même, dans les entrailles de la montagne, dans les abysses du ciel. À quelle altitude est-il monté ? Rosser affirme l'avoir vu à près de 8 200 mètres. Pendant son ascension, Bérardini, Steinmann et les Sherpas ont contourné le Nuptse et remonté le glacier du Khumbu pour atteindre le camp de base de l'Everest.

Rosser les suit. Après trois jours de marche, dans un froid et un vent glacial, il approche de l'amphithéâtre de sommets au pied de l'Icefall et de la combe Ouest, cette haute vallée lunaire par où Jaeger devrait redescendre. Le septième jour, des vigies sont établies sur l'Icefall, et le reste de l'équipe surveille le retour de Jaeger depuis le camp de base. Rosser filme John et Kate, qui l'accompagnent depuis le début de son expédition.

John : « *Guide to Base Camp*. Je vois une silhouette isolée qui arrive par le haut de la crête là-bas. »

Kate : « Tu peux le distinguer, John ? »

John : « Non, pas encore. »

Kate : « Quelles sont les conditions de neige depuis le sommet de l'arête ? »

John : « Il semble qu'il y ait beaucoup de neige molle, là-bas. »

Kate : « Tu le vois, Brigitte ? »

Brigitte : « Oh, je le vois, je le vois. »

Nicolas Bérardini : « Où ? »

Brigitte : « Au sommet du glacier. »

Nicolas : « Il a l'air très fatigué. »

Brigitte : « Je suis sûre que c'est lui. »

Ce n'est pas Jaeger. Il s'agit d'un membre d'une expédition polonaise de l'Everest qui rentre au camp de base. Au neuvième jour, alors que le mauvais temps s'installe de nouveau, l'inquiétude est grande. Le sirdar part vers le Baruntse, au sud du Lhotse, dans l'espoir de retrouver Jaeger redescendu sur ce versant. Le lendemain matin, le temps est clair, la décision est prise de faire appel à un hélicoptère de recherche. Rosser filme encore. On entend des échanges à la radio.

« Camp de base, vous me recevez ? Camp de base. Ici le ministère du Tourisme, Katmandou. Je n'ai pas pu vous entendre clairement. J'essaie de vous écouter. S'il vous plaît, essayez de faire en sorte que ce soit aussi clair et fort que possible, terminé. »

« Ici le camp de base polonais de l'expédition nationale de l'Everest. Ici le camp de base de l'expédition Sagarmatha. Appel au ministère du Tourisme, Katmandou. Appel au ministère du Tourisme, Katmandou. Je vous reçois cinq sur cinq. Comment vous me recevez ? Comment vous me recevez ? Terminé. »

Les appels ne donnent rien.

On entend parler d'un accident au Baruntse. Deux alpinistes français, Julien Graux et Philippe Grézat, s'étaient installés près du camp de base de Nicolas Jaeger et avaient passé beaucoup de temps avec lui, empruntant du matériel. Engagés sur l'arête nord, ils auraient laissé tomber leur appareil photo et fait une chute mortelle en essayant de le récupérer. Rosser filme le sirdar de retour.

Kate : « As-tu des nouvelles des deux personnes qui escaladent le Baruntse ? »

Sirdar : « Les deux alpinistes sont morts. »

Kate : « As-tu des nouvelles de Nicolas ? »

Sirdar : « Non, je n'ai rien entendu. »

Kate : « Rien ? »

La peur s'immisce en chacun d'eux, souveraine. Ses ondes traversent les failles de la montagne, ricochent contre la grande toile du ciel et reviennent les pénétrer. La peur s'installe et prend possession de chacun de leurs mouvements, engourdit l'attente de ce corps perdu quelque part, qui souffre. Le monde serait atrocement vide s'il n'en faisait plus partie. Que s'est-il passé ? Est-il tombé ? A-t-il sombré dans les profondeurs narcotiques de l'altitude ? A-t-il perdu tout discernement, eu des hallucinations ? A-t-il fait un œdème cérébral ou pulmonaire ? S'est-il lentement endormi ? À cette altitude, tous les organes du corps travaillent à la limite de leur capacité, sans aucune marge de récupération. C'est vrai du cerveau, du cœur, des poumons comme des muscles. Au camp de base de l'Everest, on voudrait y croire encore. Malgré les risques évidents, personne n'est préparé à ce silence-là, le silence qui rampe lorsqu'un monde vient d'être démoli. Il y a des silences qui précèdent, qui ouvrent, qui attendent, et des silences qui suivent, qui ferment, sans un cri. Les soleils et les lunes ont passé. Le mauvais temps a duré huit jours avec de grosses chutes de neige dans tout le massif de l'Everest.

Rosser et son équipe renoncent. Ils partent vers le lac de Gokyo et une petite vallée suspendue où ils espèrent observer le léopard des neiges. Les deux compagnons de Jaeger décident de redescendre pour signaler sa disparition. L'espace où il peut se trouver, entre la paroi du Lhotse et l'Icefall, est inaccessible. La montagne démesurée, sa hache métaphysique sur l'épaule, écrase la pensée. Ils n'ont d'autre choix que partir, hantés par ce corps abandonné aux éléments. Ils le laissent seul, seul avec tous les autres abandonnés de la montagne. Sur la neige, les noms ne peuvent être gravés. Ils avancent hagards, avec une force impalpable. Tout semble s'être dérobé sous leurs pieds.

À Paris le téléphone a sonné.

Des paroles sont venues frapper l'existence des Jaeger comme les balles d'un fusil. Liliane tient encore, droite et vide, croyant neutraliser le pouvoir des mots, cette grenade qu'on vient de dégoupiller à l'autre bout du fil. Dialogue haletant, qui cloue la pensée. Un nouveau silence s'est abattu sur toutes choses et s'est logé dans le cœur d'Hélène. Elle a compris tout de suite que le monde d'avant, qui n'a pourtant pour elle qu'une douzaine d'années fraîches, avait disparu pour toujours. Liliane a annoncé que son père n'était pas rentré de son ascension. Et le moment s'est effondré sur lui-même. De l'extérieur, rien. En apparence, la scène se prolonge : la machine qui tourne, le vent qui court dans les rues, les voitures sur l'avenue, les nuages à portée de regard. Mais en réalité le monde s'effondre. Le reste est flou pour Hélène, pris dans la perception comateuse de l'incompréhensible. Le murmure du monde commence à décliner. Comme si tout se taisait pour elle seule. Son père s'est envolé. Volatilisé. Cascade d'images insoutenables, corps inerte, disloqué, violenté. Elle apprend combien les mots sont nombreux quand on ignore ce qu'ils désignent. Elle vient d'être aspirée par le vide. Son corps conjure, supplie que ce ne soit pas vrai. Comment a-t-il pu faire ça ? Comment a-t-il pu tomber ? Tous veulent connaître les détails tout de suite. Comprendre, connaître pour faire face.

Les téléphones sonnent sans répit. Il n'y a aucun moyen de se protéger contre ce genre de douleur. Janine, tout de suite, veut se rendre là-haut. Il faut se rapprocher de l'endroit le plus proche de Nicolas dans l'univers. Le chercher jusqu'à le trouver. Elle appelle Jean-François Mazeaud qui accepte de l'accompagner. Ils décollent pour Katmandou quelques jours après l'annonce de la disparition. Pour la famille, c'est la seule chose à faire. Liliane veut passer par tous les lieux où il est allé. Retrouver son souffle, son rythme, au milieu des glaciers. Elle veut tendre l'oreille vers la voix qui s'est tue dans l'altitude. Elle espère le trouver, ou ressentir son effacement, voir la lumière irradier de la perte, recueillir chaque écho de la disparition, retrouver peut-être des bribes de phrases murmurées. Que s'est-il passé ? Cette phrase tourne en boucle. Elle veut savoir la bascule, la chute, l'avalanche, la déchirure, elle aimerait entendre ses mots à cet instant.

Le 6 mai, dix jours après le départ de Nicolas Jaeger dans la paroi du Lhotse, une première rotation héliportée permet à Yves Austin, premier secrétaire de l'ambassade de France au Népal, de reconnaître la face et de prendre des photos. Le colonel Yves Lefloc, qui a formé tous les pilotes d'hélicoptère népalais à se poser en altitude, est chargé de la mission. L'objectif est de partir de Katmandou, voler jusqu'à Lukla, remplir le réservoir et ensuite redécoller vers l'Ama Dablam et monter vers la face sud du Lhoste. Une drop zone est aménagée au pied de la paroi avec des pierres de schiste, sous l'ordre de Lefloc. L'altitude complique tout, l'appareil est à la limite de portance pour décoller. Le 12 mai, Brigitte Steinmann est à bord. Le 20 mai, Jean-François Mazeaud remonte le long de la paroi jusqu'à 6 600 mètres avec deux pilotes népalais qui poussent au maximum leur Alouette III.

L'hélico s'approche des séracs, à bout de souffle, avant de plonger vers le camp de base. Dans la face immense, aucune trace de Jaeger. Jean-François a pris plusieurs photos, mais à Katmandou, personne n'est en mesure de les développer. Jean-François court à l'aéroport pour confier les pellicules à un pilote de Nepal Airlines qui fait l'aller-retour à Bangkok et revient deux jours après avec les images.

Janine et Jean-François suspendent les photos dans le petit hôtel. Aucune trace d'avalanche. Quelque chose, en revanche, est resté de la violence paisible du paysage, un silence minéral et éternel. Janine observe en photographe la qualité des noirs, explorant à la loupe les roches qui affleurent, se désespérant de tout ce blanc qui rogne les reliefs. Elle plisse les yeux, elle affine les contrastes, espérant voir apparaître les lignes de l'existence de son fils unique dans ces abîmes qu'elle a toujours appréhendés. Le grain épais lui donne envie de souffler comme sur du sable. De gratter. Pour voir derrière. Les photographies traquent les ombres qui passent. Elle imagine le périple de Nicolas, relit ses lettres, traque les indices pour tisser ce qui manque. Tout demeure obscur, rien ne permet de dire quelle scène est la bonne : chute, crevasse, épuisement, tempête ? Sans cesse elle passe d'une version à l'autre, espérant une lueur. Elle ne se résout pas à choisir la scène finale, la disparition définitive. Comment son fils a-t-il traversé les nuages ? Le sillage était-il taché de blanc ? Après des heures de décryptage, Jean-François et elle voient Rosser pousser la porte de leur hôtel. Le cinéaste les surprend dans leur inspection et comprend qu'il s'agit de la mère de Nicolas. Il estime que le 27 avril, l'alpiniste était déjà à 8 200 mètres sur l'arête du Lhotse Shar. Au bureau consulaire, ils identifient sur une carte du Lhotse le lieu où Jaeger a été vu pour la dernière fois. La tentative en hélicoptère ne pouvait être que frustrante car l'appareil ne peut atteindre cette altitude.

Mazeaud comprend que Jaeger a été surpris par l'arrivée du mauvais temps sur l'arête sommitale. Il envisage qu'il ait pu s'échapper vers le nord-est, dans les pentes raides à l'abri du vent, et redescendre vers le Tibet chinois. Pour explorer cette possibilité, un nouveau vol de reconnaissance est organisé pour le lendemain. Mazeaud connaît la résistance physique de Jaeger, mais jusqu'où peut-il survivre ? Cette fois, il est seul avec le pilote et porte en permanence un masque à oxygène. Il règne un silence tendu dans l'hélicoptère dont les parois vibrent et font un boucan d'enfer. Le froid est glacial. Ils passent les premières crêtes avec difficulté, et descendent plein gaz pour conserver la portance vers le Tibet chinois. La configuration de la montagne et les vents puissants rendent le projet dangereux. Mazeaud saisit les jumelles pour apercevoir un indice. Tout se vaut dans cette immensité. Aucun signe, aucune trace de Nicolas dans les couloirs du versant Kangshung. Ils se hissent le long des faces de glace et de roche jusqu'à 7 500 mètres puis le pilote renonce : impossible de monter davantage. Soudain ils remarquent des éclats sur le pare-brise. Jean-François voit des hommes dans la neige qui leur tirent dessus. Ce sont les gardes-frontières chinois. Il faut décrocher au plus vite. Au retour, de nouveau, des pellicules sont envoyées à Bangkok pour être développées. Aucune trace n'est visible. Jaeger est hors d'atteinte, et Mazeaud pense furtivement que peut-être, c'est ce qu'il recherche.

Un dernier espoir va naître. Mazeaud apprend que Jean-Claude Marmier effectue une reconnaissance sur le versant tibétain de l'Everest avec une équipe du Groupe militaire de haute montagne. Il informe le GMHM de la situation et demande une exploration de la face. Marmier lui répond que non seulement il a provoqué un grave incident diplomatique avec les Chinois, ce qui complique leurs missions, mais qu'il n'engagera jamais son équipe dans une mission qui ne lui a pas été confiée. Ce refus choque Mazeaud et marque la fin des recherches.

De trop longs jours ont passé. Il faut doucement songer à repartir, sans au revoir et avec les mêmes questions obsédantes. Est-ce que Nicolas a vu la mort ? A-t-il souffert ? Où est son corps ? Avant de quitter le Népal, Jean-François décide d'aller consulter les lamas du temple de Swayambhunath, sur une colline qui domine Katmandou. Ils attendent Jean-François. Ils sont déjà prévenus, savent tout, Mazeaud, lui, ne dit rien. Les singes l'accueillent, haie d'honneur grimaçante. Les lamas déplient les cartes au milieu des gongs, des brumes d'encens. « *Your friend is between this line and that line.* » Jean-François revoit l'endroit où il a failli mourir, avec le pilote de l'hélicoptère, sous les coups de feu. Les lamas psalmodient des mantras, l'un d'eux explique qu'il pense que Jaeger est toujours vivant, qu'il a réussi à faire une traversée impressionnante jusqu'au Tibet, où il se trouve en ce moment. Dans ce pays ouvert à la magie, Jean-François est troublé. La disparition fait de Nicolas Jaeger une créature mystique, comme ces marins engloutis dont les spectres ne cessent d'apparaître derrière les crêtes des vagues.

Mazeaud voudrait retourner vers le versant tibétain du Lhotse, mais il n'en a plus le droit.

À Paris, les jours succèdent aux jours. L'identique brumeux règne en maître obstiné et mesquin. Des suppositions émergent, pour rassurer d'abord, trouver la réponse tant cherchée, puis sont écartées quand les détails refusent de s'inscrire dans l'engrenage. Liliane sait bien que tout ce qui s'éprouve ne peut s'expliquer : elle a vécu aux côtés d'un compagnon romanesque. Elle espère dans son extravagance, sa folie qui élargit le possible de l'existence. L'espérance permet d'ouvrir un délai, un temps dans le temps lui-même, pour libérer, ouvrir notre vision. Espérer, ce n'est pas se dérober ou fuir le réel, c'est explorer. Certains se réfugient dans ce qu'il y a d'universel, d'indistinct dans la mort. D'autres analysent sa singularité et traquent la trace. Liliane cherche un indice révélateur de cette éternité où elle pourrait de nouveau le serrer dans ses bras. Peu de temps après la disparition, une médium de Genève la contacte. Elle lui dessine une porte vers un autre monde, une trappe, un passage secret qu'elle voudrait pénétrer. Au téléphone, elle lui parle de la manière dont les corps sont reliés les uns aux autres, des perturbations du réel qui résonnent, des halos qu'elles provoquent. Elle lui dit avoir communiqué avec Nicolas, grâce au dialogue avec les esprits qu'elle a pu mener, en reliant deux mondes, le visible et le caché, en se tenant sur le seuil, vibrant aux forces terrestres et aux manifestations célestes. « Il a froid, il sait qu'on s'occupe de lui, il a entendu les hélicoptères, je dois retourner en communication avec lui, il sait qu'il ne tiendra pas longtemps où il se situe, il est du côté tibétain, je vous rappelle, mais sachez que je lui parle. » Liliane raccroche. Monte alors un sentiment vague du corps, celui qu'on éprouve dans un demi-sommeil, quand la chair est ralentie, quand le monde au-dehors s'évanouit, que les sens s'éteignent mais que d'autres se réveillent, méconnus jusque-là. Plus tard, elle est réveillée par un coup de téléphone en pleine nuit. Il n'y a personne au bout du fil. Le lendemain, l'émission *Le Téléphone Rouge* évoque la disparition de son mari. Quelques jours passent et la médium rappelle. La montre s'est arrêtée, dit-elle, il est mort. Elle lui annonce une chute sur le versant tibétain, une date et une heure, cela correspond à la sonnerie du téléphone dans la nuit. Au même moment, à des milliers kilomètres de Paris, le lama indique à Jean-François qu'il vient d'identifier l'arrêt de la montre de Jaeger, signe qu'il n'est plus en vie.

« *His clock is gone.* »

N'existerait-il pas dans notre monde, quelque part entre les sphères de l'au-delà, des lieux réservés à certains êtres, des espaces où les vivants d'hier seraient encore là ? Présents pour nous fixer de temps à autre rendez-vous ? La douleur a déjà pris trop de formes pour être capable de se convertir – celle du choc d'abord, puis du doute, de l'attente quand tout est un signe, qui peu à peu s'accorde au temps qui passe, chaque jour écartant davantage la perspective d'une issue heureuse, et enfin la taillade, quand il faut renoncer, sans se l'avouer vraiment, sans se le pardonner. La douleur ne sait plus comment se transformer, elle espère une trouée entre les viscères pour fuir. Liliane doit plonger à nouveau dans les archives de son mari. Elle retourne dans son petit bureau, sa dernière page écrite, un stylo encore ouvert, des mots tracés à la main de cette écriture qu'elle connaît si bien, des lettres fines, ses derniers mots sont déjà une relique, une adresse à ceux qui restent, ils prennent la valeur bouleversante de ce qui restera figé. Relire ses mots, remonter les lignes des cartes, traquer une croix au crayon de papier, déchiffrer les palimpsestes. Elle a déjà accumulé tant d'indices illisibles, attendant que de leur addition naisse l'amorce d'un sens. Elle porte en elle le mur blanc du glacier, le vent chargé de givres ; cette impression de marcher à l'intérieur de son monde. Liliane laisse venir l'esprit de son mari, fait l'expérience de sa présence. Libérée du poids du corps disparu, elle se laisse envelopper comme d'une seconde peau.

Est-ce que les âmes des morts ont le pouvoir de se rendre perceptibles à nous ? se demande Liliane. Par quelle voix la vie nous parle ? L'absence martèle sa présence. Au début, c'est la surprise, puis l'enthousiasme, l'espoir d'une piste, une possible avancée. L'appel de la médium a été un choc pour Liliane comme pour la famille. Ses mots invraisemblables, trop impalpables pour représenter une preuve, ravivent ensuite la douleur. Quand le miracle des retrouvailles n'a pas lieu, les indices se dispersent aux quatre vents et le monde devient indéchiffrable. Le lama, la médium ne transmettent-ils pas plutôt des fragments d'un passé qui ne veut pas disparaître ?

« L'idée de rechercher Nicolas Jaeger a été abandonnée. »

C'est par ce communiqué laconique et tragique que le ministère népalais du Tourisme fait savoir, le 23 mai, qu'il n'y a raisonnablement plus d'espoir de retrouver vivant l'alpiniste Nicolas Jaeger, aperçu pour la dernière fois le 27 avril. Les six tentatives pour le retrouver se sont révélées infructueuses. Avant de commencer son ascension, il avait laissé un message à ses amis disant qu'il faudrait le considérer comme mort s'il n'avait pas donné de ses nouvelles avant le 15 mai.

Le 23 mai, Jean-François Mazeaud rédige et publie lui-même le communiqué de sa disparition :

« Nicolas Jaeger avait presque réussi son entreprise (nul ne doit ignorer qu'il envisageait d'atteindre ensuite, sans redescendre, le sommet de l'Everest). Il n'avait dans son sac ni émetteur radio, ni fusée de détresse, il n'acceptait aucune assistance en arrière, ni même de recherche héliportée. C'était son éthique de l'engagement total. Nul n'a le droit de le lui reprocher. Nous tenons tous à remercier le gouvernement népalais, les pilotes de l'armée népalaise et le personnel de l'ambassade de France qui se sont engagés au maximum dans ces recherches. »

8

Disparaître

Mort, est-il mort ? Corps sans tombe trompe la mort, corps sans tombe n'est jamais mort, dit-on. Qui a vu son corps ? Lui seul vaut comme preuve absolue de l'irréversibilité, du basculement de la vie vers l'autre côté. Mais s'il ne revient pas ? Est-il préservé quelque part, éternellement jeune, loin des ravages des rayons UV, des vents de mousson et du froid extrême ? Certains le voient échappé vers le Tibet, enfui pour commencer une nouvelle vie. Nicolas Bérardini y a songé : Jaeger retrouvant la liberté, celle qu'il chérissait tant, préférant briser les liens d'un coup pour mieux réinventer ailleurs et échapper à l'impossibilité des ruptures.

Il faudrait à tous une preuve de la mort, elle est un besoin fondamental. Comment savoir avec certitude qu'il ne rentrera jamais à la maison si personne n'a pu témoigner de ses derniers instants ? Lorsque quelqu'un disparaît sans laisser de restes tangibles, quelque chose que l'on puisse brûler, immerger ou enfouir, comment s'en séparer ? Personne chez les Jaeger n'avait considéré auparavant les rituels entourant la mort, mais la famille réalise soudain leur importance ; la nécessité de confier un corps à la terre, au feu, à l'eau ou aux vautours. Il faut la preuve qu'une enveloppe a disparu et que la personne aimée ne pourra plus jamais l'habiter. Janine et Jean-François sont rentrés ; Brigitte est restée au Népal, Bérardini est à Paris seul, hagard, un peu perdu. Un journaliste est venu le voir à son arrivée à l'aéroport, mais il n'a pas souhaité répondre à ses questions. *Mort, mystère, disparu,* ces mots peu à peu forment la nouvelle identité de Jaeger. Personne ne s'est retrouvé pour parler de lui. Sa vie immense avait une allure folle, elle se referme dans le silence, d'un coup sec et prématuré. Il n'y a pas eu d'obsèques à organiser, pas de recueillement autour d'une stèle ou d'une plaque. Rien n'a pu être matérialisé. Il est si haut. Il disparaît sans un dernier salut, un bouquet jeté dans une rimaye. Le rituel – les obsèques – rend possible le passage : la transition d'un statut à un autre pour le défunt et la marque de la mutation qui s'accomplit pour ceux qui restent. C'est une opération symbolique dont la portée dépasse l'effet d'apaisement. On ritualise les funérailles pour apporter une réponse humaine à la question insoluble de la mort. Mais en ce mois de mai 1980, la famille n'envisage rien. Nicolas s'est insinué dans les glaces et les roches du Lhotse, mêlant son essence volatile à la matière solide. Il est impossible de savoir qui abrite qui, ils ont fusionné. Le Lhotse, pour sa famille, désormais c'est lui.

Le téléphone est devenu un objet sacré. Sa sonnerie ravage le cœur mais aucun appel ne reste sans réponse. Liliane ou Janine, la nuit, la journée, chacune chez elle, décrochent, raccrochent le combiné, vérifient le branchement et la tonalité. Le répondeur devient une boîte à indices : les grésillements, les silences, les vides ; tout devient preuve. Liliane n'a jamais dit que Nicolas était mort. *Disparu*, c'est ce qu'on dit. Perdu sans laisser de trace, à 8 000 mètres d'altitude, près du point le plus haut de la Terre. *Disparu.* On voudrait chercher ce que ça veut dire précisément, *disparu*, le sens d'une vie ne tient qu'à ça. Que les mots soient dits. C'est le dernier abri qu'il nous reste et il est pourtant si difficile de trouver d'autres mots. Parfois certains événements sont insurmontables et l'on est prêt à payer n'importe quel prix pour y échapper, même si cela doit détruire.

Si Liliane refuse de toutes ses forces la mort, c'est qu'elle ne peut physiquement y croire. Son corps n'adhère pas à cette nouvelle. Dans le métro, tant de fois, elle croit apercevoir Nicolas de dos, de trois quarts, de profil. Elle accélère le pas dans les couloirs, mais de face ce n'est jamais lui. Une silhouette vive au sourire vainqueur avant que l'illusion ne s'évanouisse comme elle était venue. Elle le revoit partout, sent sa peau, sa présence, son odeur, elle ne peut croire que plus jamais ses bras ne s'ouvriront sur elle. La disparition hante, mange de l'intérieur comme une plaie qui refuse de cicatriser. Combien faut-il d'années pour qu'un fantôme se tienne sage et vous laisse marcher en douceur ? Une part d'elle savait qu'il s'en irait un jour, mais pas si vite, pas comme ça, sans adieux, sans explications. Son esprit va buter des milliers de fois contre cette impasse : mort ou autre ? La question est lancinante, que s'est-il passé ? Dix ans plus tard, Liliane va prendre l'avion elle aussi. Pour approcher les hautes montagnes, elle ira avec Pierre Mazeaud et François Hesse vers le Gasherbrum, jusqu'à 6 200 mètres. Ce mouvement continue de tisser son lien avec Nicolas, un lien entre les vivants et les morts, au-delà des cimetières, des dates anniversaires et des cadres exposant les photos de montagnes ou les portraits ; ce geste concret lui semble plus affranchi, et plus évident que la pénible abstraction du deuil. Sonder les images ultimes qui ont frappé sa rétine. Comprendre pourquoi il était aimanté. Sentir ces vibrations de l'Himalaya dans tout le corps, cette drogue qui attrape les alpinistes, et avoir accès, peut-être, de nouveau, à des échos, la tonalité de sa voix, quelques paroles lancées dans l'air. Un lieu, c'est tout ce qu'il lui reste. Lieu de sa dernière présence, où il a été grandement vivant. Ce voyage-là, c'est celui peut-être qui lui apprendra à vivre avec la perte. Dans la lente acceptation de ce que la nuit ne prendra jamais fin, et qu'aussi intolérable que cela soit, il deviendra possible de vivre avec cette idée-là.

Elle ira retrouver quelque chose de lui, avec l'impérieux besoin de saisir la force d'attraction de ce monde. Peut-être alors se fondera-t-elle aussi dans cette immensité, suspendue à un fil d'espérance, l'étrange ligne de ces chemins qui mènent nulle part, mais par lesquels nos existences se nouent.

Pour Hélène, qui a 12 ans, c'est à peine croyable. Dans sa tête, il va monter les escaliers, avec tous ses sacs, elle va entendre son pas, se tenir sur le seuil de la porte, le gros sac va cogner sur les marches, il monte, et elle l'attend, n'en finit pas d'attendre derrière la porte d'entrée. Elle ose à peine poser le regard sur la dernière lettre qu'il a postée, cette lettre contenant les mots qu'il a choisis, descendant vers Lukla pliés dans le sac du Sherpa puis s'envolant, traversant un continent, tandis que lui s'évaporait. C'est le dernier objet touché de ses mains. D'un coup, cette question qui se pose, et qui surgira sans cesse : lui ai-je dit correctement au revoir ? Lui ai-je écrit comme il l'attendait ? M'a-t-il bien lue ? Mes pensées lui sont-elles parvenues ? La toute dernière lettre postée de Paris a été renvoyée à l'expéditeur. Il ne l'a jamais reçue.

Ce qui a été dit juste avant le départ revient la visiter comme font les fantômes, et il semble alors que ce fut insuffisant, que la conversation fut trop courte et qu'elle n'a pas écrit suffisamment de lettres ensuite ; elle aurait peut-être dû accorder une attention plus grande, et se concentrer sur ce qui ne fut pas verbal, ses sourires, ses câlins. A-t-il senti l'amour qu'elle lui porte ? Elle n'a aucune réponse, il lui est simplement permis de rêver, et elle aimerait croire qu'il n'y a eu que de la douceur après avoir manqué d'air, là-haut, à 8 000 mètres. Que de la douceur. S'abandonner confiant dans l'immensité, comme on trouverait un paradis, sans peur, émerveillé par l'instant de se fondre.

Le premier sentiment d'Hélène, quand elle n'a pas vu son père au retour de Janine, a été la colère. Elle était furieuse parce qu'il était censé rentrer la maison et être son papa. Elle s'est sentie abandonnée, envahie par le sentiment d'être moins importante que cette montagne pour son père. Elle en a voulu aussi un temps à sa grand-mère de n'avoir pas su le ramener à la maison. Les attentes, l'idéalisation, le poids du rêve qu'elle posait sur les épaules de celui qu'elle aimait ont troublé son jugement. Jamais elle n'aurait imaginé une disparition. Pour elle, son père reviendrait toujours. Le danger n'a jamais été identifié, on ne lui en a jamais parlé et l'amour pousse à exiger une perfection qui n'existe nulle part. C'est ainsi qu'elle a été stupéfaite et déçue. Puis un chagrin du fond des mers la soulève, la malmène, l'engloutit. Comment continuer quand il vous manque le père ? Qu'est-ce qu'une jeune adolescente peut devenir dans le grand silence qu'est devenue sa vie ? À quoi ressemblera le jour d'après, sans lettre à attendre, sans croix dans le calendrier, sans retrouvailles dans son grand bureau ? Où s'aventurer ?

Son père a disparu des regards. Le reverra-t-elle ? Elle comprend que c'est la fin de sa vie à elle telle qu'elle l'a toujours vécue, une poignée d'années pourtant. La vie n'est pas fiable, cette vie paisible qu'on s'imaginait vivre n'existe pas, elle l'apprend jeune. Elle se construira sur un arrachement. Le départ définitif de son père dégage en elle, si jeune, un territoire, un espace immense fait de ruines et de désolation. Ce qui a constitué son monde disparaît, celui où elle a grandi, avec les valeurs paternelles qui n'ont cessé de lui être chères : le sens de l'effort, de la solitude, du corps-à-corps avec les éléments, de la vie intérieure et spirituelle. Ce que nous recueillons de nos parents, et dont il est plus difficile de s'écarter que de leurs idées, ce sont leurs émotions, vivantes et palpitantes cellules transmises à leur insu. Elle connaît, sans mots, les fondations sur lesquelles il s'est bâti, et qui constitue son ossature à elle. Hélène est faite de la même matière que son père, et elle s'est souvent sentie bouleversée par cette connexion profonde, de si bien savoir, pour l'avoir éprouvé, ce qu'il avait ressenti.

Ces moments qui leur étaient chers – discussions infinies, ce dont ils parlaient, la manière dont ils le faisaient – sont devenus inaccessibles, alors qu'ils étaient le corps vivant de leur lien. Hélène avait tant à apprendre de lui encore. Ce qu'elle perd n'est pas ce qu'elle a vécu mais ce qu'elle aurait pu vivre, ce ne sont pas les jours passés, car ils ont laissé en elle leur marque, mais ceux qui auraient pu naître, et qui n'ont vécu qu'à travers les songes. Combien d'années pour s'interroger sur l'absence, s'y soumettre, s'y conformer ?

Les jours s'écoulent, la colère s'estompe, la perplexité s'immisce et puis la tristesse envahit tout. Les phrases qu'elle aurait aimé dire à son père resteront cadenassées pendant des années, figées par son départ. La douleur sera toujours là, non plus la brûlure irradiante de la disparition, mais sa trace, sa cicatrice, l'hypothèque qu'elle aura posée sur l'avenir, laissant une part d'elle pétrifiée dans une jeunesse douloureuse. Son père ressurgira toujours, de moins en moins précis, sous d'autres formes : une ombre, une voix, un parfum. Quand on annoncera à la télévision la découverte d'un corps, elle pourra toujours se demander si ce n'est pas lui. Il laisse en elle un manque sans nom, un vide qui l'attendra toujours, quand bien même tout espoir n'aura plus de raison d'être. Sa présence s'est étendue partout, bien au-dessus d'elle. Hélène apprend qu'elle est remplie d'étoiles : le carbone, l'hydrogène, l'azote, l'oxygène, le phosphore et le soufre qui composent son corps la relient au ciel. Cette théorie scientifique réjouirait sûrement celui qui manque. L'absence de son père est-elle trop présente dans sa vie ? Elle se l'est demandé. Il lui lègue un mystère : elle ne distingue plus la présence, absence en relief, et l'absence, présence en creux. Les sensations d'autrefois se mêlent aux rêveries d'aujourd'hui, des images naufragées, des ombres incertaines. Il faut trouver comment vivre avec son disparu. Quelque chose continue de s'échanger et de circuler. Elle décide d'inventer une nouvelle relation, refuse de le laisser partir dans le néant ; dans le flot de son existence elle désire que son père vive. Il s'agit de refuser une frontière catégorique entre les morts et les vivants, le visible et l'invisible, tout en restant dans le concret de nos vies. La matérialité de Nicolas Jaeger s'est dissoute mais il subsiste quelque chose de lui. Un double né de la mémoire, des souvenirs inhumés, continue de vivre en elle par la batterie de l'imaginaire, façonnant un père fantomatique dont elle retrouvera toujours la trace, quoi qu'il arrive.

Le corps n'est qu'une enveloppe, se répète-t-elle. Le corps n'est qu'une enveloppe. Rien d'autre qu'une enveloppe fragile, fugace et friable. Il faut s'en moquer, Nicolas est présent tout autour de l'appartement de La Motte-Picquet, tout autour de ses filles, sa femme et sa mère, proche comme il ne l'a jamais été.

9

Une vie

On peut imaginer que Nicolas Jaeger a atteint le sommet du Lhotse Shar, qu'il a tenté la traversée vers le Lhotse sur cette arête effilée et complexe qui sépare les deux cimes. On peut rêver qu'il soit allé encore plus loin que cela, jusqu'au sommet du Lhotse, ce qui aurait été une prouesse fantastique. A-t-il été submergé par le froid, le vent, la tempête ? A-t-il perdu ses esprits avec l'altitude là où il a été vu pour la dernière fois ? A-t-il été emporté par une avalanche ? A-t-il fumé ses cigarettes en attendant la fin ? Il en avait sûrement pris avec lui, comme toujours, il en aurait grillé une au sommet. Tout est possible. La seule certitude, c'est la perte tragique d'un visionnaire qui a osé s'attaquer à l'impossible. En 1980, Jaeger était en avance sur son temps. Aucun alpiniste n'envisageait cette approche de la face sud du Lhotse comme réaliste. La rencontre avec Jaeger a profondément marqué Rosser, qui a appelé son fils Nicolas en hommage.

La famille devient le gardien exclusif de ce passé, la seule responsable de ce qu'elle souhaite en faire. Au fil des images, d'année en année, Hélène sonde son père, l'énergie qu'il a mis à fixer, avec sa caméra et son appareil photo, la lumière poignante de ces instants de vie. Elle devine combien ces images étaient la représentation d'aspirations intimes et profondes. On y voit la franchise du sourire, l'attitude énergique du buste, le déploiement des jambes, une attitude confiante et volontaire qui n'anticipe rien de la suite, qui n'appréhende ni le vide ni le choc. La pellicule a cette capacité à déjouer les chronologies, à faire voler en éclats les frontières de la mémoire, du temps, dans sa structure la plus intime. Elle fait émerger l'émotion à l'état pur quand s'incarne un être de chair et de sang qui n'était qu'une image dans son souvenir. C'est un bouleversement des repères intimes, qui développe un rapport charnel au temps. Dans les vidéos qu'il a laissées : stupeur. Il est de nouveau là. Sa présence surgit, s'imprime et les fantômes s'installent en villégiature. Sa voix fait des volutes, elle équivaut aux articulations qui se déplient, aux cils qui frémissent, aux cheveux qui s'agitent. Sa voix le fait apparaître. Hélène l'a écoutée à de multiples reprises et elle visionne le film de Rosser au moins une fois par an. Aux côtés de ses lettres, de son écriture, n'est-ce pas ce qu'elle peut trouver de plus vivant en lui ? Une voix, juste une voix, il se livre toujours généreux, car voilà aussi ce qu'elle trahit : une humanité profonde. Et puis, de la lecture des lettres qu'il a pu envoyer tout au long de sa vie, on ne sort pas indemne. Il y a quelque chose de doux, de terriblement indiscret, aussi, à s'introduire silencieusement dans la relation entre un mari et une femme, entre la mère et le fils, à devenir le témoin de leurs joies, de leurs anecdotes. Et d'observer le réconfort, leur délicatesse, dans la manière de se saluer, de s'embrasser. Il y avait tant de beauté et de persévérance dans son désir d'être présent lorsqu'il était loin, à plusieurs milliers de kilomètres des siens.

À Paris, la famille vit contre un espace laissé vide. Ses souvenirs, tous ses souvenirs, ses sentiments ses sensations ses goûts ses aspirations ses pensées et tous les paysages qu'il a traversés. Il a fallu rétablir minutieusement la chronologie des bobines, des lettres, des notes, qui, après la disparition, se présentaient dans l'éparpillement hasardeux où il les avait laissées. Il a fallu garnir les murs de cartes de sommets pour déchiffrer les lignes mystérieuses des longitudes et des latitudes. Janine, Liliane, Hélène ont progressé dans ses pas, ont mis en rapport des détails biographiques, des renseignements et des noms, comme dans une grille de mots croisés. Elles ont eu entre les mains des pièces de puzzle attrapées avec avidité, pièces à conviction, certaines solides, d'autres évanescentes. Les journaux leur sont devenus familiers. Impossible d'oublier des fragments, même les plus insignifiants. Tout ce qu'il a vécu a pénétré leurs existences. Tous les effets personnels sont restés comme autant d'indices pour comprendre ce qui a pu fracturer la vie d'un homme et donner un sens à l'extinction.

Y a-t-il nécessairement des réponses à toutes les questions que nous nous posons ? Croit-on qu'elles libéreront ? Un jour, il n'y a plus rien de neuf dans les cartons. L'histoire s'arrête sans que le mot FIN surgisse et la vie se referme comme les mâchoires d'un piège à fauve. Les images, les lettres, les carnets ont été repassés dans le bon ordre, l'ordre chronologique, mais l'ordre n'a finalement jamais existé chez personne. La mort permet d'accomplir un montage de la vie : elle tente de mettre bout à bout des moments significatifs pour tenter de faire d'une existence, infinie et incertaine, un passé clair et sûr. Mais l'ombre de Jaeger demeure aussi insaisissable qu'elle l'a été pour elle-même. Une vie ne se fixe jamais. Tout comme le regard porté sur le disparu ne se fixe jamais. La mémoire continue de gonfler, de se déformer, à travers nos vibrations. Les souvenirs sont comme des instantanés qui ont été convoqués maintes et maintes fois, modifiés sans que l'on s'en aperçoive, et qui reviennent sans cesse.

Toutes ces reliques, preuve matérielle de l'existence, me rapprochent de lui. Il y a bien eu quelqu'un. Il y aura toujours quelqu'un. La grâce du papier brillant lui a permis de devenir à jamais cet alpiniste qui grimpait léger, mais aussi le père de la petite Marie, âgée de trois ans au moment de la disparition. Elle a senti dans sa famille une immense tristesse. Les âmes des êtres chers à peine connus, ceux qui se sont simplement approchés, mais qui disparurent subitement, planent, et planeront toujours dans les foyers. L'absent devient un spectre qui traverse les générations. En elle comme en Hélène coulera l'invisible éclat d'une puissance qui les dépassera, qu'on la nomme mélancolie ou destin. Chaîne humaine, corps compact malgré la brutalité des douleurs passées. Reste la volonté de faire vivre ce qui perdure, une culture, une mémoire partagée, une famille.

Ensemble, Hélène et moi, nous restons au milieu de montagnes d'archives avec toutes les possibilités d'une histoire. Les images, les négatifs à développer fortifient l'affinité secrète que j'éprouve désormais pour cet homme, dont la mémoire pâlit. Les portraits vieillissent loin des regards, au fond des boîtes où ceux qui l'ont aimé les ont amoureusement placés. Il nous manque la consolation d'une fin. Nous pourrions le décréter mort, mais nous ne le faisons pas. Pour ne pas cesser de l'attendre. Il ne reste qu'à rendre hommage, rendre justice, restituer. Faire acte de justesse au point de lui accorder l'existence que la tragédie lui a ôtée.

Il était un homme spécial, digne d'un roman. Il ne cessait de stipuler que la vie était faite de préparation, de constructions réfléchies. A-t-il perdu la raison ? C'est possible, et cela a pu durer une fraction de seconde ; dans l'obstination on ouvre des portes étranges. La solitude permet de tout envisager ; ainsi mène-t-elle à la limite du sensé. Peut-être n'appréhendait-il pas la grandeur de ce qu'il allait vivre, n'envisageait-il pas cette part impénétrable du monde, le fait aussi que la vie décide parfois pour nous. Il n'agissait qu'avec réflexion et discernement, il parlait de choix, de décision, d'erreur, mais il disparaît dans la plus grande des énigmes.

On ne peut que mesurer la force de sa passion. Si certains prennent le risque de mourir en montagne, c'est que cela doit être incroyablement nécessaire pour eux d'aller là-haut. L'alpinisme n'abrite que l'espèce des vitaux. Vivre était pour Jaeger cet engagement de tous les instants dans la paroi comme dans l'écume de l'existence. Il a aimé la montagne plus que la raison ne le permet. Cet amour qui l'a tant porté et guidé aura été l'absolu de sa vie. Et ce qui pouvait être incompréhensible par moments de son vivant est perçu comme le don qu'il fait au-delà de sa mort. Il transmet la fidélité à soi-même et celle à la liberté, tissées dans un même geste, un même corps. La vie est plus que jamais mouvement, la vie n'est pas figée, son esprit poursuivra son chemin dans des esprits frères. Il continue de circuler, de passer d'un corps à l'autre, d'un cœur à l'autre. C'est peut-être une image que l'on cherche en explorant la disparition, celle qu'on lui doit, un portrait, avec de l'audace et la conscience aiguë du sacré de nos vies. Cet homme qui vécut haut lègue le désir d'intensité et la passion de vivre. La parenthèse est refermée. Elle aura duré 33 ans. Son mystère le rend éternel, et c'est peut-être ce qu'il aurait souhaité. Vivre une éternité à sa mesure. Il aura connu cette joie très particulière que procure l'exigence. Tel un météore superbe, Jaeger a traversé sa vie comme un génie à l'état sauvage, avec la fulgurance de la création et une fin prématurée. Je le vois encore briller dans le ciel qui recouvre les sommets.

Épilogue

TRACES

L'énigme de Jaeger m'a habitée. Elle m'a poussée à chercher, à soulever chaque empreinte, à suivre des lignes. J'ai traqué les faits irrésolus, j'ai rassemblé les pistes, ténues, parfois sur le point de s'effacer. On espère des archives qu'elles s'éclairent, à force de les lire, mais la plupart du temps elles demeurent muettes, juste un peu pâlies. Les jalons qui restent ne font qu'une chétive poignée d'îlots auxquels je me suis accrochée.

Un jour, Jaeger a réapparu. Il s'est projeté par flash sur mon écran. Présence tenace, fantôme dans un fichier informatique, ombre obsédante. Depuis de nombreuses années, Rodolphe Popier, historien de la montagne, collaborateur de l'Himalayan database, fondation d'observation de l'alpinisme au Népal, passe au crible toutes les ascensions revendiquées. Alors qu'il travaillait en 2013 sur l'affaire Tomo Cesen (depuis son enquête, l'Himalayan database conteste la première solo de la face sud du Lhotse que l'alpiniste slovène revendiquait), Rodolphe est tombé sur le rapport d'expédition de Nicolas Jaeger dans l'Himalayan database et, tout en bas des *route notes*, sur cette mention de la découverte du corps de Jaeger dans sa tente :

« Le livre *Canadians on Everest* de Bruce Patterson affirme que, le 21 octobre 1983, l'alpiniste canadien Roger Marshall a trouvé le corps de Jaeger dans une tente, moins de 500 mètres de dénivelé en dessous du sommet du Lhotse Shar. »

Le livre n'a pas été traduit. Thomas Vennin, un ami auteur, me transmet le récit de Marshall. Le Canadien est engagé en solitaire dans cette paroi immense, comme Jaeger trois ans plus tôt. Comme lui peut-être, il creuse un trou dans la neige pour abriter son bivouac, à 7 000 mètres d'altitude. Quand il décrit les conditions cauchemardesques de cette nuit à 7 000, j'imagine Jaeger somnolant comme lui dans son duvet couvert de givre, effectuant au ralenti les mêmes gestes maladroits : allumer le réchaud avec difficulté car la cartouche de gaz a gelé, faire bouillir de l'eau pour lutter contre la déshydratation, renverser la gamelle dans l'obscurité, recommencer, la renverser de nouveau. Marshall se montre très affecté par l'altitude. Il a perdu 10 kilos depuis le début de son expédition, ses doigts sont gourds et sa raison vacille un peu. Il est, lui, en contact radio avec le camp de base. Sa compagne s'inquiète de le trouver incohérent.

Le matin, en montant, il a parlé à une ombre : « Vers 11 heures, je fais une pause et je regarde vers le bas. Est-ce que je pourrais descendre cette face sans corde ? En regardant de nouveau, je remarque une ombre à côté de moi. La forme de la tête et de la barbe semble appartenir à quelqu'un. Je consulte l'ombre au sujet de la descente, elle me semble répondre en hochant la tête. J'en déduis que ça va aller. [...] Je cherche des yeux le camp de base, presque invisible 2 000 mètres plus bas, je me demande s'ils sont en train de manger quelque chose de bon. "Vous mangez quelque chose de bon ?" demandé-je à mon ami. Pas de réponse. Un bon test. Si l'ombre répond, vous savez qu'il est temps de redescendre. »

À 14 heures, Marshall trouve un endroit où la pente s'atténue un peu, vers 7 000 mètres d'altitude, et prépare son bivouac. Il semble habité par la présence de Jaeger, comme s'il le suivait à la trace. « Couché dans la neige, je creuse latéralement, comme une taupe. Creuse ou meurs. C'est ce qui est arrivé à Jaeger. Est-ce qu'il n'a pas réussi à creuser ? Est-ce que le vent l'a attrapé comme une feuille morte et l'a envoyé valser dans la face sud ? Alors je m'enfonce, je creuse, je creuse jusqu'à la glace et le rocher. »

Après sa nuit glauque, Marshall s'extirpe péniblement de son duvet et s'équipe.

« À 7 heures, je me glisse hors de mon trou dans la lumière du soleil. Le vent souffle sur la face mais il n'y a pas encore de nuages. Le sommet semble proche, mais ça ne me trompe pas. Pendant une heure, je m'élève lentement. Soudain, vers 7 600 mètres, j'aperçois un flash de couleur dans la neige, jaune et bleu. Je m'approche en haletant, et découvre une tente à moitié ensevelie, avec quelque chose de dur et gelé à l'intérieur. OK, Nicolas. Je crois que je sais ce qui t'est arrivé. J'ai le sentiment étrange de ne plus être complètement seul. L'autre solitaire qui a tenté de gravir le Lhotse Shar se trouve peut-être ici. Je tends la main pour couper le tissu, mais je m'arrête. Quel droit ai-je de me mêler de sa vie ? “Désolé Nicolas”, dis-je au vent, et je continue vers le haut. »

Marshall s'élève encore, jusque vers 7 900 mètres d'altitude. Il sent qu'il pourrait atteindre le sommet, mais regagner son bivouac serait très aléatoire. Il renonce et redescend. Lorsqu'il regagne la tente de son dernier camp, il a du mal à se concentrer. Il appelle de nouveau le camp de base, qui lui conseille de s'y reposer pour la nuit : « Mais le temps pourrait changer. Je sais qu'il serait trop risqué d'attendre ici la tempête, comme une invitation à rejoindre Jaeger dans sa veille solitaire. Abandonnant ma tente à demi ensevelie sous une avalanche, je plonge vers le bas, comme à la dérive. » Marshall regagne les cordes fixes au pied de la face, perd un crampon, se rattrape de justesse. Après presque 2 000 mètres de descente, un compagnon vient à sa rencontre en lui tendant une tasse de thé brûlante. Mais c'est juste une vision.

Le récit de Marshall a été publié en 1983 dans le livre de Patterson, mais il n'a pas circulé. Personne n'a su en France que quelqu'un disait avoir vu la tente de Jaeger à 7 600 mètres d'altitude. Rodolphe Popier ne s'en étonne pas : Internet n'existait pas, les revues n'étaient pas encore numérisées, seuls quelques lecteurs bilingues de l'élite en France étaient capables de se procurer et lire *The American Alpine Journal*. Les banques de données spécialisées comme l'Himalayan database n'existaient pas non plus, et les communautés alpines de chaque pays restaient très cloisonnées.

Roger Marshall est mort en 1987, en descendant d'une tentative en solitaire dans la face nord de l'Everest. A-t-il perdu un crampon ? S'est-il déconcentré, épuisé par le séjour en altitude ? Les derniers mots de son récit semblent annoncer cette fin.

Peut-on accorder crédit au récit de cet alpiniste hanté par Jaeger, et dont la raison semblait vaciller dans l'oxygène rare ? La question me hante.

Rodolphe a vérifié les circonstances des autres décès recensés par l'Himalayan database pour le Lhotse Shar et le Lhotse avant l'expédition de Marshall. La *death list* du Lhotse Shar ne comporte que trois noms : ceux des alpinistes suisses Pierre Favez, Philippe Petten et Joseph Fauchère, tous trois morts en 1981. Mais Favez et Petten ont chuté de 7 100 mètres et leurs corps ont été repérés vers 6 000 mètres, sans être rapatriés, et celui de Fauchère est tombé beaucoup plus bas, à 4 700 mètres. Sur l'autre versant, la liste des décès au Lhotse compte elle aussi trois noms : ceux de l'alpiniste polonais Stanislaw Latallo (mort en 1974), de l'Allemand Max Lutz (1977) et de Pasang Nima Sherpa (1980). Tous trois sont morts sur la voie normale, en face ouest. Le seul corps qui peut correspondre au témoignage de Marshall est donc celui de Jaeger.

Mais qu'a-t-il vu exactement ? Nicolas Bérardini, quand je lui fais découvrir le témoignage de Marshall, est catégorique : Jaeger n'avait pas de tente. C'est lui qui a rempli les cantines de l'expédition, il se souvient du duvet bleu en Gore-Tex, mais non, il n'y avait pas de tente. Il me rappelle cependant qu'en Himalaya les alpinistes ont l'habitude de dormir dans les tentes laissées sur place dans les camps d'altitude. Comme Rodolphe, il n'exclut pas que Jaeger ait pu utiliser une tente laissée par l'une des dix expéditions engagées avant lui sur l'arête sud-est du Lhotse Shar.

Autre possibilité : Le « flash jaune et bleu » vu par Marshall pourrait être non pas une tente à demi ensevelie, mais un duvet. C'est possible. La toute dernière image de Rosser montre Jaeger installant un bivouac dans la face glaciaire, creusant un trou comme Marshall. Puis les nuages enveloppent toute la partie supérieure du Lhotse et le mauvais temps s'installe pour six jours. Que Jaeger se soit retrouvé piégé à 7 600 mètres d'altitude est une hypothèse crédible. Il n'est plus question de monter vers le sommet dans la tempête. Il s'enferme dans son duvet en espérant une amélioration du temps. Peut-être laisse-t-il passer une chance de redescendre : sa « super acclimatation » lui permettra de tenir, pense-t-il. A-t-il conscience que ce bivouac à 7 600 mètres est beaucoup plus aléatoire que son séjour sous une tente confortable au Huascaran, presque 1 000 mètres plus bas ? A-t-il surestimé l'expérience que lui a donnée son expédition à l'Everest ? En 1978, il n'a passé que quelques nuits au-dessus de 7 000, dont deux à 8 000, mais dans des tentes confortables, avec des bouteilles d'oxygène à portée de main. Bivouaquer sans tente et sans oxygène à ces altitudes, c'est une tout autre affaire.

J'imagine la fin : somnolant dans son duvet, Jaeger entend désormais les avalanches dévaler autour de son trou. Il comprend, trop tard, que la descente est devenue impossible. Ses mains, son corps s'engourdissent, allumer le réchaud ou une Gitane devient de plus en plus difficile. Sait-il qu'il n'aura plus la force de se relever ? Il allume une dernière cigarette, ses yeux se ferment, son corps et sa conscience se figent doucement…

Hélène a reçu l'information presque quarante ans après la découverte de Marshall. Quand je lui en ai parlé, j'ai senti que cette possibilité restait vague pour elle, pas tout à fait ancrée. Les médiums qu'elle a sollicités ont tous vu son père blessé, avec une jambe cassée. Certains, au moment de la disparition, ont précisé qu'il tentait de descendre sur le versant tibétain. Elle s'est faite à l'idée qu'il s'est vu mourir. Quand l'a-t-elle pensé ? Les détails s'estompent. La mémoire se peuple de voix superposées jusqu'à ce que l'événement originel devienne hors d'atteinte. D'année en année, le désir de conserver intact son propre souvenir se dissout dans le brouillard du temps.

Nicolas Bérardini n'a jamais cessé de penser à Jaeger. « Il est toujours là », dit-il. Rester avec l'image du vivant, éviter de penser à la frontière, au passage, à la cause. Tenir à distance toutes les éventualités, c'est aussi une manière de cohabiter avec nos disparus. On raisonne comme on peut, comme on veut, avec les beautés perdues, la force du présent, la révolte, le regret, la cruauté du manque, le besoin de consolation, de respiration.

Que faut-il faire des mots de Marshall ? L'alpiniste canadien a-t-il été victime d'hallucinations ? Son témoignage reste confus, et il n'est plus là pour répondre à mes questions. Rodolphe Popier estime que l'hypothèse de Marshall reste la plus probable. Le corps de Nicolas Jaeger reposerait à plus de 7 500 mètres d'altitude sous un tissu bleu, absorbé peu à peu par le glacier, glissant doucement vers la base de la face sud du Lhotse. Mais le travail de Rodolphe consiste à se baser sur les faits, sur les descriptions détaillées recoupées avec d'autres récits et tous les éléments matériels. Au-delà, c'est à chacun de se forger son intime conviction.

L'histoire de Nicolas Jaeger s'est réveillée sous mes yeux. Pour la dernière fois, peut-être ? Sans le vouloir, cet homme aura érigé le romanesque en roi. Longtemps après sa disparition, il lui a été donné de se réinventer. Jusqu'au bout, j'ai tenté de suivre la trace dans les glaces de ce chercheur d'absolu tout en préservant son noyau, en lui, que personne n'atteindra, impénétrable et fondateur.

Remerciements

Mes remerciements chaleureux à Hélène Jaeger-Defaix, Liliane Réassier, Jean-François Mazeaud, Nicolas Bérardini pour nos discussions à cœur ouvert, à Rodolphe Popier, Thomas Vennin pour les éclairages passionnants et à Charlie Buffet pour sa confiance et son accompagnement précieux.

Table des matières

Achevé d'imprimer par Ermes Graphics
à Turin (Italie) en juillet 2023
Dépôt légal : août 2023
ISBN : 978-2-35221-387-1